Krise kann mich mal!

Bastian Bärenfänger

Krise kann mich mal!

Digitalisierung, New Work, Transformation und mittendrin – MENSCHEN

Bastian Bärenfänger
Siomo e.K.
Neukirchen-Vluyn
Nordrhein-Westfalen, Deutschland

ISBN 978-3-658-44914-8   ISBN 978-3-658-44915-5 (eBook)
https://doi.org/10.1007/978-3-658-44915-5

Die Deutsche Nationalbibliothek verzeichnet diese Publikation in der Deutschen Nationalbibliografie; detaillierte bibliografische Daten sind im Internet über https://portal.dnb.de abrufbar.

© Der/die Herausgeber bzw. der/die Autor(en), exklusiv lizenziert an Springer Fachmedien Wiesbaden GmbH, ein Teil von Springer Nature 2024

Das Werk einschließlich aller seiner Teile ist urheberrechtlich geschützt. Jede Verwertung, die nicht ausdrücklich vom Urheberrechtsgesetz zugelassen ist, bedarf der vorherigen Zustimmung des Verlags. Das gilt insbesondere für Vervielfältigungen, Bearbeitungen, Übersetzungen, Mikroverfilmungen und die Einspeicherung und Verarbeitung in elektronischen Systemen.
Die Wiedergabe von allgemein beschreibenden Bezeichnungen, Marken, Unternehmensnamen etc. in diesem Werk bedeutet nicht, dass diese frei durch jedermann benutzt werden dürfen. Die Berechtigung zur Benutzung unterliegt, auch ohne gesonderten Hinweis hierzu, den Regeln des Markenrechts. Die Rechte des jeweiligen Zeicheninhabers sind zu beachten.
Der Verlag, die Autoren und die Herausgeber gehen davon aus, dass die Angaben und Informationen in diesem Werk zum Zeitpunkt der Veröffentlichung vollständig und korrekt sind. Weder der Verlag noch die Autoren oder die Herausgeber übernehmen, ausdrücklich oder implizit, Gewähr für den Inhalt des Werkes, etwaige Fehler oder Äußerungen. Der Verlag bleibt im Hinblick auf geografische Zuordnungen und Gebietsbezeichnungen in veröffentlichten Karten und Institutionsadressen neutral.

Planung/Lektorat: Rolf-Guenther Hobbeling
Springer ist ein Imprint der eingetragenen Gesellschaft Springer Fachmedien Wiesbaden GmbH und ist ein Teil von Springer Nature.
Die Anschrift der Gesellschaft ist: Abraham-Lincoln-Str. 46, 65189 Wiesbaden, Germany

Wenn Sie dieses Produkt entsorgen, geben Sie das Papier bitte zum Recycling.

Dankeschön

Kerstin, Piet, Benno, Paula
Frank Dopheide, Tino Rohde, Susanne Bredenbeck, Jens Dorn, Gordon Euchler, Oliver Hardes, Hannah Vergossen, Michael Krumm, Karsten Hofrichter, Christian Schwedler, Silvio Weber

Geleitwort

Unsere Welt scheint auf die schiefe Bahn geraten. Die Aussichten werden düster, die Menschen unglücklicher, die Lautstärke und die Missverständnisse nehmen zu. Wie konnte es eigentlich so weit kommen?

Wie immer sind die Männer schuld. Plato, Frederick Winslow Taylor und Milton Friedman haben die Welt vom Pfad der menschlichen Erfüllung abgebracht und auf den Treibsand der stetigen Geldvermehrung geführt. Plato, hat vor 2500 Jahren die Ratio, die Logik in die Welt gebracht und damit das Undenkbare denkbar gemacht. Die Welt bekam Flügel. Selbst wenn du etwas nicht greifen konntest, konntest du es dir nun vorstellen, es berechnen und damit arbeiten. Doch diese unglaubliche Erfolgswelle machte die Ratio herrschsüchtig – sie wurde zur Ultima Ratio. Der Alleinherrscher. Besonders in der Welt der Wirtschaft und ihren Chefetagen. All das, was unlogisch ist, was nicht erklärbar ist, was ich nicht nachvollziehbar berechnen kann, wurde vom Hof gejagt und bekam Hausverbot. Die Wirtschaftswelt hat so hocheffizient die rechte Gehirnhälfte abgeschaltet. Winslow Taylor mit seiner Stoppuhr machte es dann noch viel schlimmer. Er stellte sich an das Fließband von Ford, schraubte den gesamten Produktionsprozess in seine Einzelteile – die berühmte Analyse – und optimierte am Detail. Der Blick für das Große und das Ganze ging verloren. Der Mensch wurde zum kleinen Rädchen im großen Getriebe. Seit über hundert Jahren besteht ein Berufsleben daraus, dass rechte Vorderrand an das Auto zu schrauben. Die Arbeit wurde effizient und profitabel und der Mensch wurde unglücklich. Heute analysieren wir uns zu Tode. Wir haben mehr Informationen, als unser Gehirn verarbeiten kann. Analyse Paralyse ist ein akutes Krankheitssymptom in Unternehmen. Je größer das Unternehmen, desto größer die Starre. Milton Friedman, 1976 hat er den Nobelpreis für Wirtschaft bekommen, mit Shareholder Value, erwies sich im Nachhinein als wahrer Brandbeschleuniger. Friedmann hat ein neues Glaubensbekenntnis in die Welt gebracht, der zum Killersatz für gemeinwirtschaftliches Denken geworden ist. Er lautet: „The Business of Business is Business!" Er sagt: kümmere dich jetzt hier nicht um Umwelt und deine Mitarbeiter, deinen Standort und Kultur, deine Aufgabe ist Umsatz, Wachstum, Profit. Mit dieser Perspektive wurde alles andere nach hinten priorisiert. Management a la Noah – nach mir die Sintflut. Die Auswirkungen sind dramatisch: die Finanzkennzahlen wie die Börsenwerte sind ins Unendliche gewachsen, trotz Corona Krise, Ukraine-Krieg und Gaza-Konflikt, stehen die DAX-Werte auf „all time high". Auf der Nebenkostenabrechnung ist aber noch mehr verloren gegangen. Die Menschen. Die Mitarbeitenden fühlen sich zu 86 % nicht mehr eng ans eigene Unternehmen gebunden, die Loyalität der Kundschaft hat sich ins Nichts aufgelöst. Die Werbewelt hat sie zu Rabattsuchern dressiert.

Heute suchen sie nicht mehr das beste Produkt, sondern das größte Schnäppchen. Und die gesellschaftliche Akzeptanz tendiert gegen Null. Wer braucht die Commerzbank, wenn es die Sparkasse gibt. Warum sollen wir sie mit unserem Steuergeld retten – wer braucht sie? Damit wird die Lage auf einmal bedrohlich. Das rationale Denken hat uns hocheffizient in die Effizienzfalle geführt. Es geht nicht mehr weiter. Ein Moment der Erkenntnis: die entscheidende Variable für jede Erfolgsformel, ist der Mensch. Ohne Menschen ist nun mal kein Geschäft zu machen. Den hatten die Unternehmen aber schon lange nicht mehr auf dem Schirm. Sie denken in Kunden, Käufern, Usern, Abonnenten und humanen Ressourcen. Deshalb kommt das Thema Sinnhaftigkeit mit großer Wucht zurück in das Leben und das Arbeitsleben. Menschen müssen den Glauben an das tägliche Tun wiederfinden. Die Mutter aller Antworten ist eine Frage. Die Frage WOFÜR stehen wir jeden Morgen auf – manchmal sogar mit Freude. Die große Aufgabe ist nun, wie überwindet man das schwerste physikalische Gesetz der Welt – die Trägheit der Masse und bringt Menschen und Unternehmen wieder in Bewegung.

Und das ist Bastian wunderbar gelungen. Sein Buch erklärt auf unterhaltsame, bildhafte Weise, mit konkreten Ideen, wie Unternehmen das innere Vermögen wieder zum Sprudeln bringen: den Menschen, damit auch ihre Organisationen und am Ende vielleicht sogar unsere Gesellschaft. Machen wir uns ans Werk.

Herzlichst,
Frank Dopheide
Gründer human unlimited

Intro

Dieses Buch ist eine Ode an die Menschen. Mit all ihren Irrungen, Wirrungen und wunderbaren Fähigkeiten. Wir sind nicht so weit gekommen, um nur so weit zu kommen. Da geht noch mehr. Das glaube und weiß ich. Dafür müssen wir nur ein bisschen was tun. Beim Sprung vom industriellen Zeitalter, in eine zunehmend digitale Welt. Nicht nur gefühlt scheint es mit dem Tun aber etwas zu stocken. Dieses Buch soll dazu beitragen, Schwung zu finden, um aus der Lähmung und Sackgasse herauszufinden. Das Buch soll dazu beitragen, den Sprung aus dem industriellen Zeitalter in die digitale Welt mit großem KI-Potenzial wirklich erfolgreich – für die Menschen – zu gestalten.

Dafür läuft das Buch in drei Akten ab.

Der erste Akt ist das große Genörgel! Nörgeln macht Spaß, da machen alle immer gerne mit, man identifiziert sich und hat was zum Lachen, obwohl es eigentlich zum Heulen ist. Es hilft aber vor allem, die Zusammenhänge und das große Ganze zu sehen, um in Klarheit und Aktion zu kommen.

Der zweite Akt beschäftigt sich mit den menschlichen Fähigkeiten, den Soft Skills, erklärt, was und welche die entscheidenden sind und warum die überhaupt nicht soft sind. Des Weiteren beschäftigen wir uns damit, wie wir die heutige Komplexität durchdringen, ins gute Handeln kommen und die Teams der Zukunft bauen.

Im dritten Akt werfen wir einen Blick nach vorn. Was braucht es jetzt in der kulturellen Evolution der digitalen Revolution, wie gestaltet sich Führung in dieser veränderten Welt, und warum sind financial KPIs nicht alles, wenn wir Fortschritt gestalten wollen?

Dieses Buch ist eine Ode an die Menschen und für Menschen, die nun ernstgemeinte Transformation gestalten möchten.

Einleitung

Es ist 2023 als ich anfange dieses Buch zu schreiben, und als einziger G7-Staat erzielt die Bundesrepublik Deutschland in diesem Jahr kein Wachstum – die deutsche Wirtschaft schrumpft laut Internationalem Währungsfonds um 0,5 %, während der Rest der großen Volkswirtschaften im Schnitt um 3,0 % wächst und von ernsthafter Innovationskraft oder Freude wollen wir in Deutschland erst gar nicht mehr reden! (Janson 2023). Der Rest der Welt wartet nicht auf uns! Irgendwie scheinen wir gefühlt in einer großen Lähmung festzustecken. Von ernsthafter Sinnhaftigkeit, dem Lösen der wirklich großen Probleme unserer Zeit wie Klima und Co sind wir gefühlt ebenso immer noch Lichtjahre entfernt, und beschäftigen uns sowieso viel lieber erstmal mit Dschungelcamp oder Weltraumtourismus a la Bezos und Musk. Das lenkt ja auch so schön ab. Davon, dass hier gefühlt nichts vorwärts geht und alles irgendwie festzustecken scheint. Nach zwei Jahren Pandemie läuft Digitalisierung in Deutschland immer noch nicht so ganz, verstanden wurde sie auch nicht, kann man vielleicht auch noch gar nicht, oder!? Wobei sich das ja eigentlich seit diesem Jahr mit dem Einzug von künstlicher Intelligenz ändern müsste. Und Organisationen verstehen sich als Showroom für Einrichtungsgegenstände, anstatt sich in einer Welt, in der zunehmend Wissensaufgaben und ethische Fragen beantwortet werden müssen, um das wichtigste Hab und Gut, ihre Mitarbeitenden zu kümmern. Aber wie konnte es so weit kommen? Das haben wir geschichtlich schön zusammengefasst gerade erst im Geleitwort von Frank Dopheide gelesen. Die Frage ist, wie kommen wir da wieder raus!? Fangen wir vorne an!

Die durchschnittliche Transformation in Deutschland funktioniert nicht. Man malt sich das immer so schön in Excel-Tabellen und neuen Organigrammen aus, hat aber die entscheidende Variable, den Mensch, vergessen. Den haben wir auch in den letzten Jahren über höher, schneller weiter, wegrationalisiert und stattdessen Kicker-Tisch, Fancy-Drinks und bunte Poster eingeführt. Die Extrameile geht so schon lange niemand mehr. Ich glaube wir haben es uns oft wirklich zu einfach gemacht, auf den alten Erfolgen ausgeruht, neue Themen aber vor allem nicht sauber durchdacht oder durchdrungen. Vielleicht wird das ja in diesem Buch nun anders. Denn jetzt erlebt der Faktor Mensch in Zeiten von KI nicht nur eine Renaissance, sondern sogar eine Auferstehung.

Inhaltsverzeichnis

1 **Digitalisierung – kopflos in ein neues Zeitalter!** 1
   1.1 Alles ist immer supergeil – aber nix funktioniert 2
   1.2 Ich habe keinen Bock zu arbeiten, muss aber 4
   1.3 Unhappy. Unkreativ. Unsinnig. 7
   1.4 New Work ist Taylorismus für Faule 11
   1.5 Culture is having breakfast with strategy 17
   1.6 Die Moral von der Geschicht' 18
   Literatur 20

2 **Ein neues Team für eine neue Zeit** 21
   2.1 So reagieren Menschen auf Stress, Wandel und Komplexität 22
   2.2 So bauen wir das Team der Zukunft 25
   2.3 Wie kommen wir ins Gute Handeln? Und was ist das eigentlich? 31
   2.4 ChatGPT kann keine Soft Skills 36

	2.5	Soft Skills – die helle Seite der Macht	38
	2.6	Soziale Kompetenz	42
	2.7	Die menschlichen Fähigkeiten	47
		2.7.1 Achtsamkeit und Empathie	47
		2.7.2 Charme und Kommunikation	56
		2.7.3 Denken und Lernen	63
		2.7.4 Entscheiden und Intuition	70
	2.8	Die Moral von der Geschicht'	76
	Literatur		77
3	**Hallo neue Welt**		**81**
	3.1	Haben wir eine digitale oder eine kulturelle Evolution – und was folgt daraus?	82
	3.2	Erst Fortschritt, dann Wachstum	86
	3.3	New Leadership – Machen statt Methoden	95
	3.4	Das Glaubens-Dilemma – wenn Misstrauen auf dem Spielplatz herrscht	100
	3.5	Performance-, Financial- und Cultural-/Human-KPIs	104
	3.6	Die Moral von der Geschicht'	109
	3.7	Fokus, Baby! Der Raum zwischen Reiz und Reaktion	110
	Literatur		115
Outro			**117**

Über den Autor

Bastian Bärenfänger ist der Gründer von SIOMO – einer Strategieberatung für Kultur- und Organisationsentwicklung.

Er ist ein kreativer Kopf, ein charismatischer „Quick Thinker" und exzellenter Sparringspartner, wenn es um die organisatorischen, kulturellen & persönlichen Themen unserer heutigen Zeit geht. Er nähert sich diesen Herausforderungen überraschend unkonventionell & doch methodisch, um diese mit nachhaltiger Substanz & Leben zu füllen.

Bastian lernte bei einer der führenden Expertinnen zum Thema Empathie im Organisationskontext, Marie Miyashiro aus Hawaii. Marie, gab bereits als Co-Autorin mit dem weltbekannten Kommunikationsentwickler Marshall Rosenberg Ph.D. im Buch THE CHANGE HANDBOOK zu verstehen, wie sehr Empathie und eben die soften Skills, Motor für erfolgreiche & nachhaltige Organisationsentwicklung & Erfolg sind.

Bastian nimmt mit Natürlichkeit & Energie Menschen wie selbstverständlich mit auf die Reise der Extrameile, um gemeinsam Dinge in Bewegung zu bringen, Hürden zu überwinden, und am Ende des Tages individuellen & nachhaltigen Erfolg entstehen zu lassen. Vor allem auch die Arbeit am und mit dem Menschen sind für ihn immer ein wesentlicher Bestandteil gewesen und bis heute geblieben.

So war der Schritt in die Education Welt vorgezeichnet und hat ihn u. a. in Globale Führungsrollen bei L'Oréal & Schwarzkopf Professional geführt, bevor er nun SIOMO gegründet hat.

1

Digitalisierung – kopflos in ein neues Zeitalter!

Bisher waren wir immer der Meinung, die Digitalisierung würde uns die ganzen lästigen und nervigen Aufgaben bei der Arbeit abnehmen, und wir machen nur noch, was uns wirklich richtig Spaß macht. Mittlerweile stellen wir aber fest, die künstliche Intelligenz schafft noch viel mehr. Sie schafft auch die komplexen Themen. Mitunter sogar besser als wir Menschen. Sie würde problemlos die Prüfung zum Steuerberater, Arzt und Rechtsanwalt bestehen. Selbst das Studium am Anfang meiner Karriere könnte ich damit im Handumdrehen erledigen. Auf einmal werden wir nun unruhig. Was passiert denn mit den ganzen Jobs und den Menschen, schafft die KI diese Jobs ab? Was mache ich eigentlich mit der ganzen Zeit, wenn ich gar nicht mehr arbeiten brauche. Immerhin laufen die Debatten um die 4 Tage Woche oder das bedingungslose Grundeinkommen. Aber das Thema der richtigen Konzepte auf diese drängenden Fragen, wäre noch mal ein eigenes Buch.

© Der/die Autor(en), exklusiv lizenziert an Springer Fachmedien Wiesbaden GmbH, ein Teil von Springer Nature 2024
B. Bärenfänger, *Krise kann mich mal!*,
https://doi.org/10.1007/978-3-658-44915-5_1

Bleiben wir erst einmal beim Verstehen, der Dinge, die sich gerade auftun.

1.1 Alles ist immer supergeil – aber nix funktioniert

Der Mensch ist ein Sozialwesen! Aber: wir vereinsamen immer mehr – nicht erst seit der Pandemie. Allerdings hätten wir hierzu im Nachgang vielleicht mehr reden sollen. Am Ende der Pandemie schauten wir alle hoffnungsvoll in Richtung erste Sonnenstrahlen im Frühling 2022 und entdeckten Krieg am Horizont. Ganz in unserer Nähe. Das hat was mit uns allen gemacht. Und tut es immer noch. Man spürt das. An der politischen und auch gesellschaftlichen Stimmung. Der Ton wird rauer. Oder verstummt manchmal sogar schon. Das ist bekanntlich noch gefährlicher. Dennoch machen wir einfach heiter weiter.

Wir vereinsamen heute auch deswegen immer mehr, weil die Digitalisierung unser Leben verändert hat, und wir einfach weiter blindlinks drauflos konsumieren. Wir leben heute in Messengern. Irgendwer schickt ein lustiges Bild oder ein dusseliges Video, es ruft aber keiner mehr an. Es kommt höchstens noch eine Sprachnachricht, die, wenn sie zu lang ist, sich eigentlich schon keiner mehr anhören will. Wir halten das gar nicht mehr aus, in einer Zeit in der wir alle gefühlt keine Zeit mehr haben. Vor allem aber kommt keiner einfach mal vorbei – auf ein Bier, oder einen guten Rotwein. „Unsere Gesellschaft fordert Konsum statt Intimität, Flexibilität statt Verbindlichkeit, immer mehr Gewinn statt Stabilität. Mit den digitalen Welten bröckeln altbekannte Strukturen, die Alten bleiben zurück, die Jungen hetzen in eine entwurzelte

Zukunft. Diese neue kollektive Unverbundenheit ist das große Thema unserer Zeit." So schrieben schon Diana Kinnert und Marc Bielefeld in ihrem Buch «Die neue Einsamkeit» (Kinnert & Bielefeld, 2021). Oder andersrum: der Zusammenhalt bröckelt. Wir sind gut darin all das zu kaschieren. Am besten nicht drüber reden. Erst recht nicht drüber nachdenken. Wir packen lieber Filter drauf. Wenn das Foto nicht 1A ist für Instagram, zack, Filter drüber. Bisschen Musik dazu und dann passt das schon!

So läuft es auch in Organisationen. Wir drehen die Zahlen so lange, bis es alle fünf Jahre knallt. Dann erzählen wir was von Transformation und malen die üblichen neuen Organigramme. Gerne in Verbindung mit einem Action Plan für low hanging fruits und quick wins. Bis es dann irgendwann wieder von vorne losgeht. Mit nachhaltigem Wirtschaften hat das wenig zu tun. Irgendwie möchte niemand die Wahrheit hören. Das kommt nicht so gut an. In einer Organisation habe ich mal erlebt, wie eine Person, die die Transformation geleitet hat, zu wirklich transparenten und äußerst konstruktiven Vorschlägen gesagt hat: «Das ist mir alles zu viel Genörgel! I need your biggest wins!» Danach wurden nur noch Hochglanzcharts produziert, wie supergeil alles ist! Danach hat nie wieder jemand die Wahrheit ausgesprochen! Das war der Tag, an dem die Transformation gestorben ist.

Vielleicht sind wir das aber auch einfach nicht gewohnt. Ohne dass es jetzt wieder gegen die Schule gehen soll. Nur: abschreiben dürfen wir dort nicht, mal überspitzt dargestellt, und dann kommen wir in Unternehmen, und erzählen was von Teamplay und Kollaboration. Fehler machen dürfen wir in der Schule auch nicht, die guten Noten gibt es nur für korrekte Leistungen. Und dann erzählen wir in Unternehmen was von Kreativität und Fehlerkultur. Wir sind das gar nicht gewohnt. Und so gehen wir schon in Verteidigungshaltung ins Meeting. Wenn wir unsere

Ideen nicht durchgebracht haben, sind wir die Looser. Es fragt doch keiner nach Feedback in einer Vorstandspräsentation. Da muss alles glänzen. Wen verwundern dann noch Umfragewerte wie in der brand eins, wo 76 % der Deutschen behaupten, ein gutes oder grundsätzliches Verständnis von KI zu haben, noch vor den USA mit 72 % und den Menschen aus China mit 57 % (brand eins, 2023). Wir sind alle nur noch Superstars. Wir reden von Fortschritt, wenn wir mehr produzieren, konsumieren, erreichen und erleben. Dafür müssen wir allerdings heutzutage immer mehr tun und immer weniger sein lassen! Eine Spirale, die sich immer schneller dreht. Wir verlieren zunehmend das Große und das Ganze aus den Augen und haben Schwierigkeiten, ins Handeln zu kommen. Alles ist so schnell, dass wir zunehmend gelähmt sind. Vielleicht sollten wir es mal mit Anhalten, vor allem mit Ehrlichkeit probieren!? Das ist natürlich in dieser Welt nicht ganz einfach. Und hat vor allem mit einem zu tun: Verantwortung übernehmen. Dazu später mehr. Schauen wir zuerst weiter auf die heute spürbaren Auswirkungen und den täglich gelebten Irrsinn.

1.2 Ich habe keinen Bock zu arbeiten, muss aber

Wir kennen alle die Zahl: 86 % der Mitarbeitenden haben mit dem eigenen Unternehmen laut GALLUP (Gallup, 2023) eigentlich nichts mehr zu tun, innerlich gekündigt oder machen maximal Dienst nach Vorschrift. Nur 14 % der Befragten haben ein durch Führung positiv geprägtes Arbeitsumfeld erlebt, das in einer hohen emotionalen Bindung resultiert. Alles ist also irgendwie doof! Der

Vorgesetzte, das ganze Unternehmen, die Politik! Aber wer geht hin und macht denn mal irgendwas besser? Selber?

Die Menschen haben kein Bock aus guten Gründen. Wenn ich mir zwei Mal angehört habe – «Ja gute Idee, machen wir aber nicht!» – kommen Mitarbeitenden kein drittes Mal mehr! Manchmal fragt man sich tatsächlich, ob das geradezu verhindert werden soll. Siehe auch ein paar Sätze zuvor, als ich über den Tag, das Sterben der Transformation geschrieben habe. Wenn ich es nicht besser glauben wollte, müsste man denken, es solle geradezu sabotiert werden.

In den sozialen Medien taucht immer wieder mal das «Simple Sabotage Field Manual» auf, auch bekannt als das Sabotage Handbuch (Office of Strategic Devices, 1944). Es wurde während des Zweiten Weltkriegs von der Office of Strategic Services (OSS), dem Vorläufer der CIA, erstellt. Das Ziel dieses Handbuchs war es, Widerstandskämpfern und Agenten eine Anleitung für den Einsatz von Sabotageaktionen gegen feindliche Truppen und Einrichtungen zu bieten. Da gibt es so wesentliche Ideen oder Richtlinien wie: 1. Organisatorische Effizienz untergraben, 2. Arbeitsmoral senken, 3. Entscheidungen verzögern, 4. Materialien beschädigen, 5. Störung der Kommunikation, 6. Falsche Berichte erstellen, 7. Konflikte fördern, 8. Verringern der moralischen Autorität, 9. Unnötige Vorschriften erstellen, 10. Verlangsame Arbeitsabläufe und 11. Schwächen der Sicherheitsmaßnahmen. Jetzt lassen wir Punkt 11, das Schwächen der Sicherheitsmaßnahmen mal weg, der ist ein bisschen weit weg, aber alle anderen Punkte?! Böse Zungen könnten jetzt den Bezug zu heutigen Organisationen und täglichen Arbeitsrealitäten kinderleicht herbeidenken. Sind wir heute im Büro noch von CIA-Agenten umzingelt? Der Bezug zu diesen Punkten wird oft im übertragenen und humorvollen Sinne gemacht, wenn man über Bürokratie, ineffiziente

Arbeitsabläufe oder zwischenmenschliche Dynamiken spricht. Mit Sicherheit setzt das heute niemand bewusst ein, hoffe ich zumindest. Die Frage ist nur, wieviel von dem täglich gelebtem Handeln in Organisationen und Gesellschaft mündet in Sabotage-ähnlichen Akten und lässt uns weiter in die Sackgasse rollern? Sind wir jetzt schon so sozialisiert und können einfach gar nicht anders?

Es geht heute mehr denn je darum, Verantwortung zu übernehmen. Für sich selber, die Organisation, sogar die Gesellschaft! In einer Zeit, in der immer mehr digitalisiert, liberalisiert und automatisiert wird, stellt sich neben den enormen Möglichkeiten und Chancen die Sinnfrage neu. Wie wertvoll ist meine Arbeit heute und welche Stellung habe ich innerhalb der Gemeinschaft, in der ich lebe? Wie schaffen wir als Individuum, Gesellschaft und Organisation den Sprung von der Industrialisierung in das digitale Zeitalter und in eine gute Zukunft? Diese Fragen müssen neu beantwortet werden. Die Welt wird immer unübersichtlicher, komplexer – und es wird immer schwieriger, Entscheidungen zu treffen. Und natürlich müssen wir uns auch neu die Frage stellen: wann ist eine Entscheidung überhaupt eine gute Entscheidung und mein Handeln ein Gutes, sodass es nicht in Sabotage und Sackgasse mündet? Ohne Klarheit fühlen wir uns abgehängt, unsicher, handlungsunfähig, sogar wertlos. Wenn wir die Herausforderungen der heutigen Zeit meistern möchten und Zukunft gestalten wollen, müssen wir Wollen und Können. Heißt: Haltung (Wollen) und Handeln (Können) zu etablieren, die auf die Herausforderungen von heute angepasst sind, und so das ganze Unternehmen zukunftsfähig und handlungsfähig machen. Von Können und Wollen sind wir allerdings noch ein wenig entfernt. Im nächsten Abschnitt noch ein wenig mehr von der täglich gelebten Lähmung.

1.3 Unhappy. Unkreativ. Unsinnig.

Unhappy! «Everything's amazing. Nobody is happy», alles ist immer supergeil, aber niemand ist wirklich glücklich, hat Louis C. K. mal in einer US-amerikanischen Talkshow gesagt. (YouTube, 2011) Wir haben heute eigentlich alles! Immer das neuste iPhone, für über 1000 EUR, kein Problem! Same day delivery bei Amazon. Wenn es dringend noch was Neues für billiges Geld sein muss und rund um die Uhr Shopping, weil wir Warten nicht mehr ertragen. Dazu passt gut, dass wir Netflix und Co. 24/7 zur Verfügung haben, um uns berieseln zu lassen. Früher haben wir eine Woche auf eine neue Folge Michael Knight gewartet, dazwischen ist man nach draußen gegangen und hat am echten Leben teilgenommen. Heute gucken Menschen eine neue Staffel in 1,5-facher Geschwindigkeit, oder spulen direkt ans Ende, weil sie nicht mehr warten können, herauszufinden, wie es denn ausgeht! Zum Glück ist Internet und Datenvolumen mittlerweile so billig, dass wir durch-streamen können. Da brauchen wir nicht mehr rausgehen und andere Menschen treffen.

Eigentlich haben wir doch wirklich alles. So vieles hat sich in den letzten Jahrzehnten zum Guten verändert. Und doch, die Zahl der psychischen und stressbedingten Erkrankungen explodieren und verursachen jedes Jahr neue Rekordschäden in Milliardenhöhe. Ist aber auch egal. Uns geht es so gut, und doch, hohe Burnoutraten, hohe Scheidungsraten, hohe Suizidraten. Irgendwas passt anscheinend nicht mehr in der emotionalen Arena unseres Lebens. Vielleicht sollten wir mehr darüber nachdenken, mal an- oder innehalten, vielleicht sogar drüber sprechen. So sind wir auch aus der Pandemie gerannt, waren froh, dass es vorbei ist, nur um uns mit Krieg, Inflation und Rezession in die nächsten Krisen zu müssen. Ich glaube, dass das mit Menschen etwas macht und wir uns heute in dieser veränderten Welt samt Zeitenwende anders begegnen sollten, müssen und auch können.

Wir versuchen es aber lieber weiter mit einfachen Lösungen.

Unkreativ! Von Kreativität und neuen Ideen sprechen zwar alle, gefühlt kann man in den Maschinerien der Organisationen aber nur wenig damit anfangen. Wolf Lotter in „Die Gestörten" (Lotter, 2023) und Christian Schwedler in „Der Business Spagat" (Schwedler, 2024) erklären das sehr anschaulich und zugleich, warum es tatsächlich doch wichtig wäre und wie es gelingen kann, Kreativität und Innovation nachhaltig zu implementieren. Und das scheint wichtig. Wir können uns nicht mehr auf den alten Erfolgen ausruhen. Niemand wartet auf uns. Es wird Zeit, den Sprung von einer Industrienation hin zu einer Digitalnation zu wagen. Heute kann ich im Taxi allerdings meistens nicht mal mit Karte zahlen, und die Bundesregierung hatte Anfang 2023 noch in einer Ausschreibung nach einem neuen Faxanbieter gesucht! Es gibt also ein bisschen was zu tun.

Kreativität und Kollektivität wirken der Sinnentleerung und den Silo-Strukturen der Industrialisierung entgegen. Wir sind per se heute schon viel vernetzter und globalisierter unterwegs, verrichten unsere Jobs aber immer noch in der alten Denke und als Einzelkämpfer mit entsprechenden Anreizsystemen. Da halte ich es mit dem durchaus bekannten Sinnbild: *„Wenn du einen beschissenen Prozess digitalisierst, hast du anschließend einen beschissenen digitalisierten Prozess!"* Diese Aussage wird oft dem deutschen Unternehmer und Softwareentwickler Markus Gärtner zugeschrieben. Das Gleiche gilt generell für Arbeit, Zeit, Geld, Gesellschaft. Wenn wir alles machen wie bisher, und es einfach nur New Work nennen, weil wir eine Schaukel

1 Digitalisierung – kopflos in ein neues Zeitalter!

in den Konferenzraum hängen, sind es des Kaisers neue Kleider und wird wohl nicht funktionieren.

Die Digitalisierung trägt dazu ihren Teil bei und schafft Transparenz und Freiräume, um Kreativität und Kollektivität zu fördern. Mit dem Einzug von Künstlicher Intelligenz, lässt sich das Ausmaß bereits erahnen, bedarf aber mutiger Schritte und fundamentaler Änderung in der Art und Weise wie wir Arbeit und Leistung heute denken. Ein Beispiel, und ich hoffe ich mache mir keine Feinde. In der Pflege ist der Altersdurchschnitt ziemlich hoch laut Statistischem Bundesamt (Statistisches Bundesamt, 2020) und wir rennen zusehend in ein schwarzes Loch, wenn wir in Zukunft nicht von Robotern gebadet werden möchten. Mit einem Anteil von knapp 13 % war nahezu jede bzw. jeder achte Beschäftigte in Pflegeheimen mindestens 60 Jahre alt, fast die Hälfte (43 %) war 50 Jahre und älter. Von den Beschäftigten, die direkt mit der Pflege und Betreuung betraut waren, waren 11 % mindestens 60 Jahre alt, 39 % waren 50 Jahre und älter. Und was den Nachwuchs angeht, sieht es mit Verlaub düster aus. Das könnte daran liegen, dass es relativ unattraktiv ist, in solchen Jobs zu arbeiten. Die Arbeitszeiten sind schwierig, die Wertschätzung gab es nur in der Pandemie, als um 21 Uhr synchron von deutschen Balkonen geklatscht wurde, und selbst wenn ich das Ganze für einen wirklich ehrbaren und wichtigen Beruf halte, ist die Bezahlung derart schlecht, dass ich es mir schlicht und ergreifend nicht erlauben kann in so einem Job zu arbeiten, wenn ich einzig und allein damit meine Familie durchbringen möchte. Die Mitarbeitenden, die in Verwaltungsapparaten wie Krankenkassen Knicken, Lochen, Abheften machen, verdienen mehr Geld als die Personen, die den harten Job am Pflegebett machen! Und knicken, lochen, abheften kann doch nun wirklich die Künstliche Intelligenz übernehmen. Und ja, solche Einschnitte sind hart, aber ich glaube, wir kommen nicht drum herum. Es geht, wenn man es genau nimmt, nicht darum, nur Jobs abzubauen. Ich glaube wir brauchen einen wirklich fundamentalen Shift im System und eine Neubewertung der wichtigsten Kennzahlen. Mindestens vielleicht diese Impulse, um mal drüber nachzudenken, Themen wirklich tief zu durchdenken, und festzustellen, was möglich wäre, und was es heute wirklich braucht.

Unsinnig! Mitarbeiter identifizieren sich nicht mit ihrem Unternehmen, der Kultur, sind nicht gebunden und erwarten Sinnvolles, haben wir bereits deutlich gelesen. Vor allem erwarten sie kein Fake und Greenwashing mehr. Die Menschen merken bei Instinkt, wenn etwas faul ist und wissen, dass Unternehmen in der Lage sind, einen Wandel, organisatorisch, gesellschaftlich wie umweltlich, zu treiben!

Da fällt mir immer wieder ein, wie wir Digitalisierung heute vielerorts in Unternehmen betrachtet haben. Man meint immer, das ist so ein Beiwerk, was nervige Arbeit abnimmt, und dass man das mal so nebenbei einführen kann. Da wird dann Microsoft Teams eingeführt, und damit läuft dann schon digitale Transformation. Die Kollegen schreiben dir dann jetzt alle bei Teams, von deinen Kunden bekommst du aber weiter ganz normal Emails. Und dann gibt es noch Slack und Basecamp und WhatsApp und Miro und dann noch die ganzen Folder. Also die normalen, und dann haben wir aber noch SharePoint und OneNote und Dropbox und was weiß ich nicht. Und dann legt der eine da was ab, die andere dort, und dann schreiben die dir noch eine Mail, dass sie da was abgelegt haben, und vom System bekommst du dann auch noch eine Mail, dass die da was abgelegt haben, und abends sind dann alle wieder geistig in Schräglage, weil es wieder 200 Mails am Tag waren, aber nur 3 sinnvolle. Das hat was mit Aufräumen, Ehrlichkeit im Miteinander, vor allem wieder Verantwortung zu tun. Mal zu überlegen, wann ist das hier gut, richtig und nützlich, was wir tun.

Um da tiefer in diese Idee von einem veränderten Team-Verständnis einzutauchen, müssen wir uns aber erst einmal des Buzzwords New Work annehmen.

1.4 New Work ist Taylorismus für Faule

New Work ist mittlerweile zu einem Buzzword verkommen. Vielleicht betrachten wir das mal ganzheitlich und fangen vorne bei Taylor an.

Die Hoffnung Taylors war systematisch und wissenschaftlich den „besten Weg" zu finden, um Arbeit zu erledigen. Ein zentraler Ansatzpunkt war, zwischen Denken und Planen auf der einen, und Machen auf der anderen Seite zu unterscheiden. Wenn Arbeit gut genug analysiert und verstanden wird, dann können Spezialisten die besten Wege finden, die Aufgaben zu erledigen und schon funktioniert es mit der Arbeit. Funktionierte in Industrie und Produktion auch gut. Trotzdem, ein Resultat war: Entfremdung von der Arbeit und ein sehr großer Graben zwischen „Management" und „Arbeitern". Jetzt muss man nicht gleich Taylorismus betreiben – er ist aber einer der prominentesten Ansätze, der zwischen Verwalten/Managen und Handeln/Umsetzung unterscheidet. Einfache Lösungen für komplexe Probleme haben sich schon immer hervorragend verkauft. Nur: diese Trennung funktioniert nicht. Dennoch ist sie recht häufig. Das Senior Management definiert die Strategie, das Management und die jeweiligen Leads sorgen dann dafür, dass sie Realität wird. Die Teams setzen dann um. So läuft und lief es in der

Fabrik und so läuft es vielfach auch in Büros und Verwaltungen – die Mechanik ist oft immer noch die gleiche.

Nun haben wir ein Heilmittel dagegen gefunden, welches die Symptome dieses Management-Prinzips wegzaubern soll: New Work und Co. Dort laufen ganz viele Coaches, Evangelist:innen, Botschafter:innen uvm. herum und erklären, wie etwas zu tun ist, damit wir alle besser arbeiten können in unserer neuen, digitalen Welt. Erstaunlicherweise ganz oft ohne Studien und Messbarkeit. So ganz menschlich, systemisch, empathisch. Dort werden dann Heilmittel genannt, die – wenn sie denn gut umgesetzt werden – uns dabei helfen werden, angenehmer, menschlicher und vielleicht auch besser zu arbeiten. Das sollen die neuen Lösungen für das digitale, globale Zeitalter sein. Komischerweise wird die Frage nach dem „Wann funktioniert/hilft es denn?" oft ausgeklammert. Es ist dann oft schlicht richtig, dass offene Büros ohne feste Arbeitsplätze geschaffen werden, regelmäßig Retrospektiven durchgeführt werden oder Feedback im Dreiklang geübt wird. Ein oft wiederkehrendes Motiv ist, dass Menschen sich schon selbst organisieren und das Richtige tun, wenn sie nur im richtigen Rahmen arbeiten. Ach, wenn es nur so einfach wäre… Den Reflex in einer immer komplexer werdenden Welt möglichst einfache, für alle möglichst schnell verständliche Lösungen zu finden und zu leben ist sogar verständlich. Es scheint opportun zu sein. Einfache Lösungen für komplexe Probleme haben sich schon immer hervorragend verkauft. Sie geben Sicherheit, Ruhe, Gewissheit. Und es ist bequem. Schnell mal das Büro renovieren, fancy Drinks für alle, und wir haben doch jetzt dieses Resilienz-Seminar, dann will ich aber wirklich nichts mehr hören, von den nervigen Mitarbeitenden. Funktionieren tun sie aber praktisch nie, diese bequemen Lösungen. Wir simulieren dadurch nicht mal ernsthaften Wandel! Wir

1 Digitalisierung – kopflos in ein neues Zeitalter! 13

faken ihn! Komplexe Dinge einfach zu machen und einfach lösen zu wollen ist naiv.

Wenn wir in einer immer komplexeren Welt gut wirtschaften und handeln wollen, müssen wir verstehen, wann etwas gut ist und wann nicht. Besser ausgedrückt: Wann etwas die erhoffte Wirkung erzielt und wann eben nicht und natürlich auch, wenn etwas ganz andere Resultate bringt. Das ist schlicht und einfach empirisches Vorgehen. Der Zyklus ist reichlich einfach: Nachdenken, planen, machen, beobachten/messen und wieder von vorn. Man kann ihn noch anders nennen, aber im Kern ist es das. Die Idee dahinter ist, dass wir unser Denken und Handeln so verändern, dass es bestmöglich Wirkung entfalten kann, nicht mehr sabotiert – und dabei sehr aktiv damit umgehen, dass wir uns selbst immer wieder irren und auch systematisch falsch wahrnehmen. Am leichtesten belügen und betrügen wir uns nun einmal selbst. Es sieht gut aus reicht uns oft als Evidenz! Wenn zum Beispiel Feedback im Dreiklang eingeführt werden soll: wann ist es hilfreich, ist es überhaupt hilfreich oder schadet es sogar? Gibt es Menschen, Firmen, Situationen, die die Wirkung verändern? Was ist mit Kultur, Sprache, Alter, Bildungshintergrund, Stimmung, Tageszeit, Situation, Stellung usw. Und ja: Das alles sollte bedacht werden. Nur die Methode einzuführen, bringt nichts, wenn dahinter nicht Werte, Kultur, Vertrauen bestehen, dass ich wertschätzend bin, tatsächlich, und zwar immer zuhöre, und ehrlich sein kann ohne Sanktionen zu befürchten. Die Frage, wie Dinge zusammenhängen und dies empirisch zu prüfen, wird von den empirischen Wissenschaften bearbeitet. Und jetzt kommen wir an den Knackpunkt: Die finden in New Work und Co. Sehr oft gar nicht statt. Da wird dann gerne auf „eine Studie" verwiesen. Erstaunlicherweise oft auf „eine" oder eine/n Autor:in oder TED-Talker. Und das reicht oft als Argument. Ganz selten wird auf wissenschaftliche Arbeiten zurückgegriffen – werden gar ausgewiesene Expert:innen auf dem Feld einbezogen. Ich habe auch eine Vermutung wieso. Kaum wird das gemacht, erlebt man, dass es gar nicht mehr so einfach ist, das Richtige zu tun. Es gibt nämlich auf komplexe Fragen keine einfachen Antworten. Liegt in der Natur der Sache. Sonst wären die Sachen ja einfach. Und hier kommen wir wieder zum Taylorismus. Er hat versucht, Menschen ähnlich wie Maschinen zu betrachten – sie bis zur Unkenntlichkeit messbar und als „Sache" planbar zu machen. Handgriffe wurden detailliert beschrieben, Motivation über hohe Ziele und daran gekoppelte Vergütung geschaffen. Im Rahmen des industriellen Bedarfs und des Menschen als Produktionsfaktor ein durchaus spannender Ansatz. Und er hat gemessen, überprüft, getestet. Hier gibt es aber (neben weiteren) ein Problem: Menschen sind komplex und auch noch individuell. Der Taylorismus ist hier also eine zu einfache (und menschenverachtende) Lösung für ein komplexes und individuelles Problem. Immerhin wurde empirisch gearbeitet!

Wo kommt das her? Eigentlich müsste doch klar sein, dass das nicht funktionieren kann! In früheren Zeiten mag das gut funktioniert haben, in klassischen Hierarchien, dass Führungskräfte Entscheidungen gefällt haben, und die Mitarbeitenden nur noch umgesetzt haben. Das ist aber nicht mehr zeitgemäß. In einer Welt, in der wir mehr und mehr von der reinen Produktion zu Wissensarbeit wechseln, können Unternehmen schlicht und ergreifend nicht mehr auf die kognitiven Fähigkeiten der Mitarbeitenden verzichten. Selbst bei ausführenden Tätigkeiten sind die Expert:innen die Menschen, die an vorderster Front umsetzen und wir sollten ihre Vorschläge hören. Die weiter zunehmende Signifikanz von Employer Branding und Arbeitnehmerattraktivität, New Work sowie der Erwartungshaltung der jüngeren Generation befeuern den

1 Digitalisierung – kopflos in ein neues Zeitalter!

Trend der Mitbestimmung und Mitgestaltung. Wir müssen die Potenziale der Menschen freisetzen und nicht im Keim ersticken (Schwedler, 2024). Zu Mitbestimmung und Mitgestaltung folgt später noch mehr, unter dem Punkt der Selbstbestimmungstheorie.

Und der bereits erwähnte Empirismus ist in der Marktwirtschaft direkt eingebaut – spätestens im Ergebnis. Genauso wie der Taylorismus ist New Work oft eine einfache, mechanistische Antwort. Das Schema ist immer gleich: Du musst nur das hier so machen, dann klappt das auch. Klingt einfach, allerdings ist dieser Satz recht nah an den heilbringenden Botschaften vieler „New Workler", „Agilist:innen" usw.

„Mit Selbstorganisation zum Erfolg" – das wäre so ein schöner Satz. Fühlt sich irgendwie wohlig warm an. Ist dann auch noch einfach zu kommunizieren. Kommt – das ist doch eine gute Strategie. Aber genau diese Einfachheit funktioniert in der wirklichen Welt nicht. Und versteht mich bitte nicht falsch, ich finde New Work, Selbstorganisation und die neue Begründung im Open Space super, aber es scheint noch nicht des Rätsels Lösung zu sein. Denn wie wir am Anfang gelesen haben, gibt es noch einiges zu tun, wo es gefühlt nicht vorwärts geht. Digitalisierung und Innovationen sind Fremdwörter und die Fluktuation und der Engagement-Index in den hippen neuen Arbeitsflächen zeigen eher das Gegenteil von Freude, Sinn und Motivation. Und auch hier sei noch einmal erwähnt: Das geht alle an! Die Wirtschaft, die Politik, aber eben auch jeden Einzelnen! Wir müssen also wohl oder übel zum Kern unserer Unternehmung, was auch immer das sein mag, wirtschaftlich, politisch, gesellschaftlich, sogar individuell, vordringen. Und das ist dann tatsächlich doch der Mensch. Der kann nämlich auch Bock haben, wenn das Büro unsexy aussieht, aber Motivation, Sinn und Team stimmen! So rum wird daraus ein Schuh. Klar, das

Auge isst mit, und es ist schön, wenn es schön und wohlig ist. Aber Miteinander, Denken, Lernen, Handeln, ist der Kern von Unternehmung. Da gehört sogar gesunder Diskurs dazu. Und nicht nur wohlig warm und Einheitstische, die aber höhenverstellbar sind. Dieser Wandel im Verständnis reicht verdammt tief.

Wenn wir wirklich Miteinander sein wollen, ein Team, eine Gesellschaft in der Alles, Alles stärkt, dann sprechen wir wirklich über flache Hierarchien, nicht nur weil wir uns jetzt alle duzen und cool im Open Space abhängen. So sind wir nicht sozialisiert, Hierarchien sind an Expertenstatus gebunden, in einer Wissensgesellschaft, in der das eigene Wissen als absolut gesetzt wird. Und in einer Welt, die sich tatsächlich sehr verändert hat und somit auch uns. Versuchen wir auf diese komplexen und wie wir jetzt sehen vor allem sehr menschlichen Themen einfache Antworten zu stülpen, bleibt New Work Taylorismus für Faule. New Work ist ein ganzheitlicher Ansatz, welcher eine menschenzentrierte Arbeitswelt beschreibt. Die Umsetzung dieses Ansatzes ist in jeder Umgebung individuell und es können schöne Büroflächen zur Umsetzung gehören – müssen sie aber nicht. In diesem Abschnitt habe ich einige sehr plakative (Negativ-)Beispiele für die Einführung von New Work benannt. In seinem Buch beschreibt Bergmann (Bergmann, 2004) unter anderem auch die High-Technology-Eigenproduktion als Element von New Work. Das bedeutet, dass man die Digitalisierung, Technologie und Maschinen nutzen sollte, um Maschinen Maschinenarbeit machen zu lassen und Menschen die bereits erwähnte Wissensarbeit. Man schafft Menschen Freiraum durch die richtige Nutzung der Technologie. Nach wie vor ist die früh von Bergmann beschriebene Idee wirklich unglaublich visionär.

Wie soziale Intelligenz in Unternehmen und Gesellschaft lebendig wird, und diese lebendig macht, wie

Diskurs und Verantwortung übernehmen geht, wie wir Können und Wollen schaffen und Miteinander, Denken, Lernen, Handeln Kernthese jeglicher Unternehmung wird, entdecken wir im weiteren Verlauf dieses Buches. Vorher tauchen wir noch in den Zusammenhang zwischen Kultur und Strategie ein.

1.5 Culture is having breakfast with strategy

Ich glaube, das hier wird ein kurzer Abschnitt. „Culture eats strategy for breakfast". Den Spruch hast du bestimmt auch schon gehört. Er wird immer mit dem Management Guru Peter Drucker in Verbindung gebracht, allerdings wehrt man sich auf der Website des Drucker Instituts geradezu dagegen, das er ihn so in dieser Form gesagt haben soll. (The Drucker Institut) Ist aber auch egal, so virtuos und einfach er klingt, so gehaltvoll ist er doch. Denn es ist völlig klar, du kannst eine noch so gute Strategie haben, wenn dein Team keinen Bock hat, wenn es nicht kann, darf, will, dann werden wir allerhöchstens Dienst nach Vorschrift erleben, wenn nicht sogar sabotiert wird. Nüchtern betrachtet, weist dieser Satz auf das Verhältnis zwischen strukturiertem Planen und der tatsächlich gelebten Umsetzung hin. Vor allem kann der Satz aber der Reflexion dienen, wie wir unsere Organisationen gestalten. Er erinnert uns daran, dass es nicht ausreicht, nur auf strategische Planung und Effizienz zu setzen, sondern dass wir auch die Werte, Überzeugungen und Beziehungen innerhalb unserer Organisationen pflegen und stärken müssen. Letztendlich betont er die Bedeutung der menschlichen Dimension in Organisationen und erinnert uns daran, dass wirkliche Veränderung und Erfolg oft durch die

Kultivierung einer positiven und unterstützenden Organisationskultur erreicht werden. Ich glaube, das Strategie und Kultur zusammengehören, moralisch und ethisch, wie Haltung und Handeln. Wenn ich nur eine Haltung, eine Meinung, Einstellung habe, aber nichts tue, dann ist das das übliche leere Geschwätz und die bunten Poster an den Wänden der Büros. Wenn ich nur handle, ohne vielleicht die passende Einstellung oder eben die passende Strategie zu haben, kann das in blindem Aktionismus enden und teuer werden, weil wir Dinge doppelt und dreifach machen, oder die Arbeit schlicht und ergreifend nicht zielführend ist, nicht die gewünschten Resultate bringt, und du umgangssprachlich in die Tonne arbeitest.

Am Ende leben eben doch Menschen in Organisationen und befeuern sie!

Wie wäre es also mit „Culture is having breakfast with strategy"? Die Beiden frühstücken also miteinander, anstatt dass der eine den anderen verspeist. Wenn wir das zusammen denken, erkennen, und unsere Organisation daran ausrichten, dann geht es auch vorwärts. Das wissen wir gefühlt alle. Wie wichtig die Kultur und das Miteinander ist, und welchen Stellenwert das in der heutigen Zeit einnimmt, lesen wir im weiteren Verlauf des Buches.

1.6 Die Moral von der Geschicht'

Zeit für einen Weckruf an die Gesellschaft, die Wirtschaft und jeden Einzelnen von uns, sich den Herausforderungen der modernen Welt mutig und entschlossen zu stellen. Es ist an der Zeit, die Digitalisierung nicht nur als Konsumkanal und Werkzeug zur Effizienzsteigerung zu betrachten, sondern als Chance für echten Fortschritt und gesellschaftlichen Wandel.

1 Digitalisierung – kopflos in ein neues Zeitalter!

Wir können nicht länger stillstehen oder uns mit oberflächlichen Antworten zufriedengeben. Es geht darum, sich nicht länger hinter veralteten Strukturen und bequemen Lösungen zu verstecken, sondern den Mut aufzubringen, echte Veränderungen anzustreben. Wenn wir die letzten Jahrzehnte Revue passieren lassen, erkennen wir, wie sehr wir uns selbst belügen und betäuben, wenn wir uns in einer Welt des Konsums und der Oberflächlichkeit verlieren.

Wir merken an allen Ecken und Enden, dass der Schuh drückt, wir irgendwie in die Sackgasse gerollt sind. Wir haben die entscheidende ‚Erfolgsvariabel' – den Menschen – aus dem Auge verloren. Begeisterung, ob durch ein Produkt oder einen Service, für organisatorischen oder gesellschaftlichen Erfolg, wird am Ende von Menschen erzeugt, kommuniziert und verstärkt. Wir können nicht nur auf „Die da Oben" oder die Politik oder sonst wen schauen und meckern. Es ist Zeit für mutige Entscheidungen, für echte Innovation und für einen Wandel, der nicht nur die Wirtschaft, sondern auch die Gesellschaft als Ganzes voranbringt. Jeder einzelne Mensch ist heute gefordert, Verantwortung zu übernehmen, die Themen wirklich zu durchdenken, und sich einzubringen, für Veränderung und eine florierende, zukunftsfähige Gemeinschaft.

Fragen zum Transfer

1. Wo drin konntest du dich wiederfinden, was sind deine Beispiele aus dieser verrückten (Arbeits-)Welt?
2. In einer Welt, in der alles „supergeil" ist, wie viel Raum für Ehrlichkeit und Authentizität schaffst du selbst, persönlich wie beruflich?
3. Was ist eine deiner liebsten Ideen, die du gerne umgesetzt hättest, bei der du aber ausgebremst worden bist?

Literatur

Bergmann, F. (2004). *Neue Arbeit, Neue Kultur*. Arbor Verlag GmbH.

brand eins. (2023) https://www.brandeins.de/products/brand-eins-09-2023. Zugegriffen: 14. Mai 2024.

Gallup. (2023). Gallup Engagement Index Deutschland 2023. Gallup. https://www.gallup.com/de/472028/bericht-zum-engagement-index-deutschland-2023.aspx. Zugegriffen: 7. Mai 2024.

Janson. (10. Oktober 2023). IWF-Prognose: Deutschland ist Konjunktur-Schlusslicht. *Statista*, Matthias Janson, https://de.statista.com/infografik/23188/iwf-prognose-zur-veraenderung-des-realen-bip/#:~:Text=Der%20Internationale%20W%C3%A4hrungsfonds%20(IWF)%20sieht,um%200%2C5%20Prozent%20schrumpfen. Zugegriffen: 8. Apr. 2024.

Kinnert, D., & Bielefeld M. (2021). *Die neue Einsamkeit*. Hoffmann und Campe.

Lotter, W. (2023). *Die Gestörten*. Rowohlt.

Office of Strategic Devices. (1944). Simple Sabotage field manual. Strategic Services Field Manual No. 3. https://regmedia.co.uk/2021/01/05/simple_sabotage_field_manual.pdf. Zugegriffen: 7. Mai 2024.

Schwedler, C. (2024). *Der Business Spagat*. Haufe-Lexware GmbH & Co. KG.

Statistisches Bundesamt. (2020). Pressemitteilung Nr. N085 vom 23. Dezember 2020. https://www.destatis.de/DE/Presse/Pressemitteilungen/2020/12/PD20_N085_224.html#:~:text=jeder%20achte%20Besch%C3%A4ftigte%20in%20Pflegeheimen,und%20%C3%A4lter%20(229%20000).

The Drucker Institut. Did Peter Drucker say that? https://drucker.institute/did-peter-drucker-say-that/. Zugegriffen: 14. Mai 2024.

Youtube. (2011). Louis CK Everything is amazing & Nobody is happy. https://www.youtube.com/watch?v=PdFB7q89_3U. Zugegriffen: 14. Mai 2024.

2

Ein neues Team für eine neue Zeit

Team sein war Menschen schon immer wichtig. Und mussten sie auch. Früher gegen die Säbelzahntiger, und auch heute noch leben wir gern in Dörfern oder Städten zusammen und wollen uns gegenseitig erfreuen oder zu Höchstleistungen inspirieren. Team sein war Menschen schon immer wichtig. Mitarbeitende haben immer schon gesagt „Weißt du noch, beim Meier, da war die Stimmung immer gut, der Zusammenhalt war da, da konnte man auch mal seine Meinung sagen". Es war Menschen schon immer wichtig, sich zugehörig zu fühlen, wirklich ein Team zu sein, auch am Fließband der Industrialisierung. Heute aber müssen wir wirklich ein Team sein, alleine kommen wir gegen die schiere Masse und vor allem die Komplexität nicht mehr an. Die Digitalisierung verlangt nicht nur die Rückkehr des verantwortungsbewussten Menschen, sondern auch vernetztes, interdisziplinäres und kollektives Arbeiten und Miteinander. Wie wir gemeinsam die Komplexität durchdringen und was es heute braucht, wirklich dieses eine Team zu sein, liest du in den folgenden Abschnitten.

2.1 So reagieren Menschen auf Stress, Wandel und Komplexität

Diese Thematik konnte niemand besser auf den Punkt bringen als Prof. Dr. Peter Kruse. (YouTube, 2008) Grundsätzlich ein großer Denker der seiner Zeit immer voraus war. Prof. Dr. Peter Kruse hat diese Thematik sehr schön zusammengefasst und gesagt, wir Menschen haben im Prinzip vier Strategien, wenn es um Komplexität geht und wie wir diese durchdringen. Das lässt sich ebenso gut auf Stress und Wandel beziehen. Drei davon scheinen allerdings keine guten Ideen zu sein. Aber der Reihe nach.

Die *erste Strategie,* und die haben wir uns alle ganz gut antrainiert, ist Ignoranz! Wir tun so, als wüssten wir gar nicht worum es geht. Ich habe davon gar nichts mitbekommen. Ich weiß gar nicht was Sie meinen. Ich weiß gar nicht was Sie von mir wollen, das ist doch nicht meine Aufgabe, lassen Sie mich mit dem Scheiß in Ruhe, ich weiß gar nicht wovon Sie reden – so oder ähnlich ertönt es immer wieder gerne und vielerorts. Dann ist das auch egal, dann macht es eben ein Anderer. Oder ein Projekt wird einfach vergessen, auch schon vorgekommen. Das ploppt dann irgendwann irgendwo mal wieder hoch, aber da ist ja keiner für verantwortlich. Und: Früher gab es nicht so viele Projekte zeitgleich, da hatten nicht alle 25 Projekte gleichzeitig auf dem Tisch, da konnte es vielleicht wirklich noch ein anderer machen. In Zeiten von Fachkräftemangel und knappen Ideen scheint das aber keine gute Strategie mehr zu sein.

2 Ein neues Team für eine neue Zeit

Die *zweite Strategie* ist Trial and Error. Wir probieren mal ein bisschen aus, experimentieren vielleicht herum und gucken mal, wo uns das hinbringt. Das ist vielleicht besser als doof stellen, kann aber eine teure Angelegenheit werden, wenn sich Erfolge nicht schnell einstellen, wenn sich hinter dieser ‚Kreativität' keine Strategie findet. Wenn ich Kultur und Strategie nicht zusammengebracht habe. Dieses einfach mal machen, hatte ich auch schon bei „Culture is having breakfast with strategy" beschrieben. Oftmals erlebe ich genau das als organisatorische Antwort auf die Lähmung, die durch die dritte Strategie entsteht.

Die *dritte Strategie,* und da sind wir Germans sehr gut drin, ist: wir wollen alles immer rational erfassen, alles immer verstehen, alles durchdringen, alles wissen. Das macht uns so langsam. Wir analysieren immer alles zu Tode, optimieren die letzten Details und gehen erst mit einem Produkt raus, wenn wir bei 110 % sind. Unser Gehirn sucht natürlich auch nach Antworten. Zahlen, Daten, Fakten suggerieren Sicherheit. Das endet in vielen Fällen allerdings in Micromanagement, mit dem wir heute den Mitarbeitenden gerne auf den Senkel gehen, und Kreativität, Flexibilität und Innovation im Keim ersticken. Das mag bei komplizierten Themen funktionieren. Bei Komplexem und vor allem Neuem, Unbekanntem wird das nicht mehr ausreichen. Das beste Beispiel ist hier wieder der Taylorismus. Ein Auto zu bauen, ist durchaus eine komplizierte Angelegenheit. Man konnte aber den gesamten Prozess in seine Einzelteile zerlegen, heute würde man vermutlich Sprints sagen, und dann wusste jeder Mitarbeitende was zu tun ist, und am Ende der Produktionsstraße kam ein Auto dabei raus. Das funktionierte so lange, wie Themen kompliziert sind, bei komplexen, innovativen oder ethischen Fragestellungen funktioniert das nicht mehr. Hier kommt Strategie vier ins Spiel. Sie scheint vielversprechend, muss aber, da wir sehr auf Ratio getrimmt sind, geübt werden!

Die *vierte Strategie* ist Intuition! Intuition bezieht sich auf die Fähigkeit, etwas zu verstehen, zu erkennen oder zu wissen, ohne dass dafür eine rationale Erklärung oder logische Schlussfolgerung erforderlich ist. Es ist ein instinktives oder unmittelbares Verständnis von Etwas, das oft schwer in Worte zu fassen ist. Menschen verlassen sich oft auf ihre Intuition, um Entscheidungen zu treffen oder Situationen zu beurteilen, insbesondere wenn sie mit unvollständigen Informationen konfrontiert sind. Intuition kann durch Erfahrung, Wissen und emotionale Intelligenz gestärkt werden. Sie spielt eine wichtige Rolle in vielen Bereichen des Lebens, einschließlich zwischenmenschlicher Beziehungen, kreativer Prozesse und sogar in wissenschaftlichen Entdeckungen. Umgangssprachlich würde man Intuition vielleicht mit dem guten alten Bauchgefühl oder dem gesunden Menschenverstand gleichsetzen. Und das Bauchgefühl hat uns doch immer schon gut geleitet – nicht umsonst sagen wir: „hör auf deinen Bauch" oder „folge Deinem Herzen". Die Frage ist natürlich, wann kann ich mich denn auf so etwas verlassen? Vor allem bei teuren oder gewichtigen Entscheidungen?! Laut Prof. Dr. Peter Kruse sind zwei Punkte entscheidend! Erstens: Deine Intuition muss up to date sein! Sie muss zu den Anforderungen von heute passen! Wenn du deine Intuition 1987 ausgebildet hast, wird sie nicht mehr zu den Anforderungen von heute passen. Also, vernetz Dich, bilde dich weiter, tausch dich aus, sammle weiter Erfahrungen, informiere und sozialisiere dich zu den heutigen Gegebenheiten, um auf dem neuesten Stand zu bleiben. Zweitens: Wenn du dich nur auf eine, deine Intuition verlässt, läufst du Gefahr, an den Falschen zu geraten, mindestens eine sehr einseitige Sicht auf die Dinge zu haben. Sprichst du aber mit mehreren oder verschiedenen Menschen, deren

2 Ein neues Team für eine neue Zeit

INTUITION + REAL TEAMPLAY = YEAH!!

Zumindest, wenn wir den gesunden Menschenverstand nutzen wollen.

Abb. 2.1 Skizze zu Intuition+Real Teamplay. (Eigene Darstellung in Anlehnung an die Idee von Prof. Dr. Peter Kruse)

Intuition up to date ist, kannst du bei der Entscheidungsfindung sicher sein, nah am gesunden Menschenverstand zu operieren. Hier bekommen moderne Themen wie Diversity und Perspektivenvielfalt sowie ein inklusives Miteinander eine neue Dimension. Gerade diese zuletzt genannten befeuern Kreativität, brechen die Silos auf, und beenden das Alleinsein (Abb. 2.1).

Wir haben damit zwei weitere Themen aufgetan. Menschliche Fähigkeiten und wirkliches Teamplay! Warum wir heute anders oder wirklich Team sein müssen als am Fließband der Industrialisierung. Früher gegen den Säbelzahntiger, heute gegen das Micromanagement, aber für Team Play, Diskurs und das Lösen der komplexen Fragestellungen. So erreichen wir eine neue Form der Zusammenarbeit! Jeder zur rechten Zeit am rechten Ort! Ein neues Teamwork. Zeit für Soft Skills! Ein neues Kollektiv!

Nur wie bringen wir diese Idee nun in die Teams und Organisationen?

2.2 So bauen wir das Team der Zukunft

Neue Sehnsüchte für neue Anforderungen in einer veränderten Welt. Warum überhaupt das neue Kollektiv? Warum müssen wir heute anders Team sein als damals? Team sein war Menschen doch schon immer wichtig. Früher schon als Stamm in der Steinzeit, und auch heute noch wollen wir mindestens in Dörfern oder Städten zusammenleben, wir wollen uns gemeinsam für einen Verein begeistern und uns gegenseitig bei der Arbeit zu Höchstleistungen inspirieren. Und auch früher haben Menschen schon gesagt: Hier weißt du noch, bei Frau Meier, da war die Stimmung immer gut, da war der Zusammenhalt da, dort konnte ich meine Meinung sagen. Das war Menschen also schon immer wichtig. Nur heute müssen wir, haben wir gelesen, wenn wir die Komplexität meistern und die großen Fragen beantworten möchten. Heute können wir uns anders einbringen, diese Freiräume hat uns die Digitalisierung gebracht. Wir sind viel vernetzter unterwegs und haben mehr Informationen zur Hand als jemals zuvor. Um das gewinnbringend und fortschrittlich zu bewältigen, kann und muss man sich mit all seinen Stärken einbringen können. Wenn das jeder tut, zur rechten Zeit am rechten Ort, dann ist es ein anderes Kollektiv als früher in der Industrialisierung.

Ich bin überzeugt, wir brauchen eine Naissance des Neo-Kollektivismus. Was genau bedeutet das? Im Prinzip verstecken sich drei Themen dahinter, die zusammen den Neo-Kollektivismus bilden. Das ist natürlich zuerst einmal eine soziologische und keine sozialistische Idee. Die drei Themen sind die folgenden. Zuerst einmal Prof. Dr. Peter Kruse und seine Idee von Intuition, menschlichen Fähigkeiten und Real Teamplay als Antwort auf die zunehmende Komplexität. Das zweite Puzzleteil hat Douglas Rushkoff mit seinem Buch „Team Human" beigetragen. (Rushkoff, 2019) Das vorletzte Kapitel in diesem Buch heißt „Renaissance now" – auf Seite 194 schreibt er „We don't yet have great ways for talking about this new spirit of collectivism." Wir haben noch keine großartigen Wege gefunden, über diesen neuen Geist des Kollektivismus zu sprechen. Ich bin also nicht der Einzige mit diesen Wachstumsschmerzen. Und ich habe mich gefragt, warum nennst du das denn dann Renaissance, wenn du über einen neuen Teamgeist, ein neues Teamverständnis sprichst. Und so ist bei mir aus der Renaissance die Naissance geworden. Keine Wiedergeburt, sondern die Geburt eines neuen Teamgeistes oder Verständnisses. Deshalb Neo-Kollektivismus. Das dritte Puzzleteil des Neo-Kollektivismus ist die Selbstbestimmungstheorie. (Ryan & Deci, 2000) So unterschiedlich wir Menschen auch sind: Wir können drei Grundbedürfnisse identifizieren, die uns individuell, aber auch gemeinschaftlich an- und vorantreiben. Bei der Selbstbestimmungstheorie gibt es einen Zusammenhang zwischen dem Niveau an Motivation und einem Grad zu dem drei grundlegende psychologische Bedürfnisse des Menschen befriedigt sein müssen. Sind alle drei stark befriedigt, sprechen wir von der höchsten Motivationsstufe, der intrinsischen Motivation. Die drei Grundbedürfnisse sind: Soziale Eingebundenheit, Kompetenz und Autonomie. Natürlich gibt es noch viel mehr menschliche Grundbedürfnisse. Aber man kann es gut auf diese drei komprimieren. Weitere wie Liebe, Anerkennung, Wertschätzung usw. zahlen zum Beispiel auf soziale Eingebundenheit ein.

Der Wunsch nach sozialer Eingebundenheit ist die Sehnsucht nach dem Kollektiv und Miteinander. Wir Menschen wollen miteinander sein, ansonsten vereinsamen wir. Das Grundbedürfnis nach Kompetenz befeuert die Sehnsucht nach Entwicklung und einer guten Zukunft. Wir wollen uns selbst weiterentwickeln. Wir wollen sehen, dass es auch in Projekten, in Organisationen, sogar Gesellschaft vorangeht, ansonsten empfinden wir Langeweile. Das unterscheidet uns von stehenden Gewächsen. Und das Grundbedürfnis nach Autonomie befeuert die Sehnsucht nach Freiheit und Mitbestimmung. Autonomie ist aber nicht Anarchie, also schon mit Rahmen und Regeln, aber vielleicht selbstbestimmt. Wir wollen uns einbringen können, wir wollen gehört, gesehen und verstanden werden. Hier bekommen moderne Buzzwords wie psychologische Sicherheit, oder selbstbestimmte Teams, oder selbstlernende Organisation auf einmal eine ganz andere Tiefe, wenn wir das verstanden haben. Diese drei Grundbedürfnisse – soziale Eingebundenheit, Kompetenz und Autonomie – werden noch eine ganz wichtige Achse beim Bauen von erfolgreichen Teams spielen. Dazu mehr am Ende dieses Kapitels. Zuerst müssen wir noch über das Logical Level Alignment nach Robert Dilts sprechen. (Dilts, 2014)

Das *Logical Level Alignment* nach Robert Dilts ist ein herausragendes Modell, wenn du Kultur- und Organisationsentwicklung im Großen oder aber auch einfach nur in Deinem Team gestalten möchtest. Es ist tausendmal besser investiertes Geld als die siebte Runde Kletterpark, Unternehmensberatung oder zum x-ten Mal essen gehen. Es ist das wirkmächtigste Framework, welches ich selber bisher erlebt habe (Abb. 2.2).

Wie der Name schon vermuten lässt, werden verschiedene logische Ebenen im Gehirn angesprochen, die natürlich zusammenhängen und somit in der Gänze betrachtet für Klarheit sorgen. Für unsere Entwicklung in Teams oder Organisationen wollen wir uns mit den folgenden Ebenen beschäftigen.

1. Kontext
2. Verhalten
3. Fähigkeiten/Kompetenzen
4. Glaubenssätze
5. Purpose
6. Vision
7. Mission

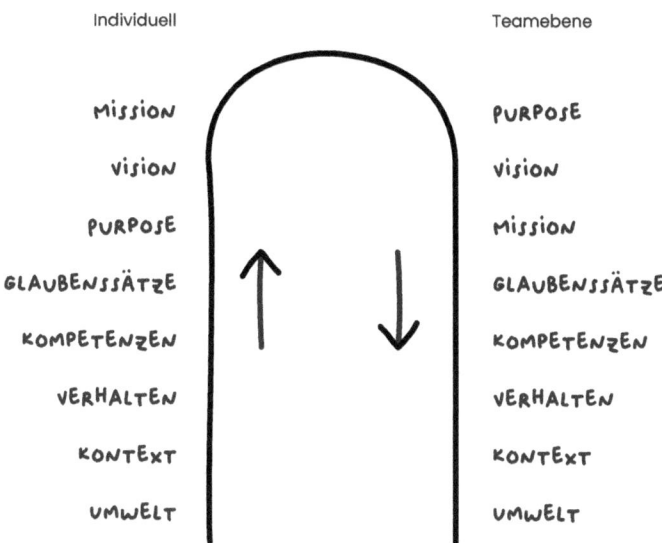

Abb. 2.2 Logical Level Alignment Skizze. (Eigene Darstellung in Anlehnung an das Logical Level Alignment Model nach Robert Dilts)

Es macht Sinn, wenn du das für dich und dein Thema mal definierst. Zuerst auf individueller Ebene. In welchem Kontext, welcher Umwelt bist du erfolgreich? Was brauchst du ganz genau (an Tools, an Umgebung, an Mitmenschen, …). Zweitens: Welches Verhalten legst du an den Tag, wenn du erfolgreich und im Flow bist, in der gerade von dir beschriebenen Umwelt. Drittens: Welche Kernkompetenzen kannst du darüber identifizieren. Was kannst du ganz besonders gut, und darüber einen Beitrag leisten? Das ist ein intensiver Moment, wo sich Menschen selbst manchmal noch ein bisschen besser kennenlernen, und Führungskräfte verstehen, wer hier wann wo am richtigen Ort zur richtigen Zeit ist. Viertens, die Glaubenssätze. Woran glaubst Du? Was ist dir unabdingbar wichtig. Ohne was kannst du nicht, im (Arbeits-) Leben. Dann natürlich noch Purpose, Vision und Mission. Wofür bist du hier, wofür stehst du jeden Tag (gerne) auf. Wo soll die Reise mal hingehen, was sind deine Träume. Ja, in einer Vision darfst du groß träumen! Es soll fordernd sein! Wir brauchen diese großen Träume! Und was unternimmst du nun ganz konkret, in deiner Mission, um diese Ziele zu erreichen. Wenn wir das einmal auf der individuellen, persönlichen Ebene durchgespielt haben, haben wir uns nicht nur selbst ein stückweit besser kennengelernt, sondern alle Sinne sind nun aktiviert. Zeit, das Ganze noch mal auf Teamebene durchzuspielen. Definiert nun gemeinsam, für euch als Team oder Organisation, ganz konkret Kontext, Verhalten, Fähigkeiten, Glaubenssätze, Purpose, Vision und Mission. Nehmt euch Zeit dafür. Das ist kein 30-min-Meeting, sondern ein 2-Tages-Workshop. Im Idealfall extern begleitet. Wenn Ihr das gemeinsam als Team durchspielt und klar definiert, lernt Ihr direkt Teamplay und Diskurs aushalten! Macht das so lange, bis Ihr eine gemeinsame Version entwickelt habt. Nehmt alle mit, jedes einzelnen Teammitglied. So lange, bis Ihr wirklich eine gemeinsame Version habt. Wenn das gelingt, entwickelt Ihr eine Version, für die dann auch alle gemeinsam einstehen. Dann habt Ihr bestimmt, wann Ihr wie erfolgreich seid, wie all euer Tun auf die Unternehmensziele einzahlen.

On top, wenn ihr eine klare Charta an Werten und Verhaltensregeln aufstellen möchtet, bringen wir nun zwei Achsen zusammen. Von Empathie, das Ich – Du – Wir (dazu später mehr im Abschnitt über Empathie, Abschn. 2.7.2), sowie von der Selbstbestimmungstheorie, die Soziale Eingebundenheit, Kompetenz und Autonomie. Ich, Du, Wir ist die eine Achse, Soziale Eingebundenheit, Kompetenz und Autonomie die zweite Achse. Spielt auch das mal durch. Wann bist du sozial eingebunden, wann kompetent, wann kannst du wie Entscheidungen treffen.

Beim Du-Level, was erwartest du zu diesen Punkten von den Anderen. Und die entscheidende Variable ist natürlich beim Teamgedanken das Wir-Level. Wann sind wir hier sozial eingebunden, wann sind wir hier kompetent, und wie können wir wann Entscheidungen treffen.

Bestimmt, was „Team sein" für euch bedeutet. Bestimmt, wann ein Team für euch effektiv ist, getreu dem Motto, wer sind wir eigentlich, wenn ja wie viele, und ab wann ist das hier erfolgreich.

Hier wird Teamarbeit konkret, verbindlich, sogar mess- und nachvollziehbar. Dazu aber auch noch mehr in den Abschnitten über Leadership und Financial, Performance und Cultural KPIs.

Generell lässt sich über so eine konkrete Aufstellung Klarheit gewinnen, eine wichtige Voraussetzung, nachhaltig ins Gute Handeln zukommen. Aber was ist das überhaupt? Gutes Handeln?

2.3 Wie kommen wir ins Gute Handeln? Und was ist das eigentlich?

Wenn wir wie gerade gelesen bestimmt haben, wer wir sind, was uns wichtig ist und ab wann wir unsere Ziele als erstrebenswert und erfolgreich bezeichnen würden, können wir den nächsten Schritt gehen, und ins gute Handeln kommen. Und zwar zusammen. Der an sich im Unternehmen vorhandene und verankerte Purpose, Sinn und Zweck wird nicht gemanagt, sondern gemacht und erfüllt. Dazu muss man sich überlegen, und bestimmen, welchen Zweck unser tägliches Tun eigentlich hat, und was wir damit bewirken wollen. Wie beim Teamgedanken und der Zusammenarbeit. Wann funktioniert etwas, wann ist es gut und nützlich. Für Nonsens und Unfug und alles doppelt und dreifach machen ist keine Zeit mehr. Eine gute Orientierung für Sinn und Zweck jeder Unternehmung bieten generell sicherlich die 17 Nachhaltigkeitsziele der Vereinten Nationen (United Nations, 2015). Frank Dopheide, der Verfasser des wunderbaren Geleitworts am Anfang des Buches würde sagen, wer hier nichts findet, hat keinen Sinn! Über allem stehen – nach meiner Einschätzung – drei große Treiber. Der Faktor Mensch in der zunehmenden Digitalisierung, Digitalisierung als solche und Nachhaltigkeit.

Von hinten nach vorne. Für Nachhaltigkeit gibt es keine Ausreden mehr. Selbst wenn ich nicht an den Klimawandel glauben würde, kann es nicht im Interesse von Menschen sein, nicht nachhaltig handeln, leben und konsumieren zu wollen. Ich kann nicht glauben wollen, dass es auch nur einen Menschen auf diesem Planeten gibt, der sagt, dass es egal sei, wenn wir den Planeten ausbeuten und zumüllen. Wissend, diese Menschen gibt es leider doch. Angesichts der zunehmenden Herausforderungen des Klimawandels ist es wichtig, nachhaltige Entscheidungen zu treffen, die die Umwelt schonen und zukünftige Generationen nicht beeinträchtigen. Wir müssen also die passenden Rahmen schaffen, damit es Menschen nicht nur möglich, sondern sogar leicht und selbstverständlich gemacht wird, nachhaltig handeln zu können. Was Menschen nicht mehr akzeptieren können und wollen angesichts des fortschreitenden Klimawandels ist Oberflächlichkeit, Fake und Greenwashing. Wenn du also etwas tust, ob mit deiner Organisation oder Deinem Team, tue es richtig, oder lass es besser ganz sein. Wobei letzteres ja keine Option mehr ist, jeder kann einen Beitrag leisten. Frust kommt auf, wenn wieder mal alles zu bürokratisch ist, zu schwer gemacht wird. Das ist das Gegenteil von Rahmen schaffen, in denen es für jeden Menschen ein

Leichtes ist, einen Beitrag zu leisten. Oder wenn es wie geschrieben nicht ernst gemeint ist. Beides führt zu Aussagen wie, „ich kann dieses Thema nicht mehr hören!" Es ist allerdings unerlässlich, am Ball zu bleiben und weiterzumachen. Je öfter eine Message ausgesprochen wird, desto öfter wird sie wahrgenommen und findet ihren Weg, bis es auch die Letzten verstanden haben.

Bei der Digitalisierung ist es ganz ähnlich. Wann ist sie gut und nützlich? Wann bereichert sie unser Leben? Henning Vöpel, Director of the Centre for European Policy, CEO of Stiftung Ordnungspolitik, Professor of Economics BSP Business and Law School Berlin, hat das in einem Podcast auf meinem YouTube-Account mal ganz schön beschrieben. (YouTube, 2023) Er sagte: „Seitdem es Digitalisierung gibt, fährt er viel mehr Fahrrad. Weil er jetzt weiß, wo eins (ein Fahrrad) steht in Hamburg." Menschen haben die Verantwortung, Technologie verantwortungsvoll zu nutzen und sicherzustellen, dass sie zum Wohl der Gesellschaft eingesetzt wird. Dies beinhaltet zudem den verantwortungsvollen Umgang mit persönlichen Daten, die Bekämpfung von Desinformation und Hassrede im Internet sowie die Förderung von digitaler Inklusion und Zugänglichkeit für alle. Wir müssen uns also vielleicht auch einer gewissen digitalen Ethik bewusst werden. Die Digitalisierung hat neue ethische Herausforderungen geschaffen, insbesondere im Bereich des Datenschutzes, der Privatsphäre, der künstlichen Intelligenz und der algorithmischen Entscheidungsfindung. Der Mensch muss sich bewusst mit diesen ethischen Fragen auseinandersetzen und sich für den Schutz von Datenschutzrechten und die verantwortungsvolle Nutzung von Technologie einsetzen. Das alles erfordert Mut und Willen, vor allem aber auch die Offenheit für Neues. An der angekündigten (angedrohten) KI-Verordnung sehen wir, was passiert und zu welchem Frust es wieder führt, wenn wir es weiterhin mit Flickenteppichmentalität probieren, wenn wir versuchen, die KI-Anwendungen mit der Gedankenwelt der Gesetze aus den 50er Jahren zu regeln. Das funktioniert einfach nicht, in einer völlig veränderten Welt, hemmt den Fortschritt und führt eher zu Aufgabe als zu Motivation.

Beide Treiber, Nachhaltigkeit und Digitalisierung schaffen auf jeden Fall enorme Vorteile, für unser Zusammenleben und Zusammenarbeiten. Für Organisationen, Gesellschaft und jeden einzelnen Menschen. Das Entwickeln von Mut und Offenheit scheint eine entscheidende Variable. Mut sich mit vielleicht auch unbequemen oder auf den ersten Blick anstrengenden Fragen auseinander zu setzen. Offenheit, neue Antworten und ungewohnte Wege zu gehen, Trends zu adaptieren.

Das ist natürlich nicht ganz einfach, wenn man im üblichen Irrsinn der Regulierung unterwegs ist. Viel Frust und Bürokratiewahnsinn haben wir bisher zu diesen beiden Treibern erlebt, die eher zu Ablehnung als zu Motivation führen. Oftmals werden die Themen Nachhaltigkeit und Digitalisierung geradezu als stressig empfunden und sind für viele Menschen mit Angst behaftet. Wir sollten sie vielleicht eher als große Chance begreifen, denn als Gegner. Vielleicht klappt es dann auch mit Offenheit und Mut. Und dafür, für Offenheit und Mut, Verantwortungsübernahme und Chancen ergreifen wollen, sind natürlich wieder wir Menschen verantwortlich.

Wir nutzen heute schon die Digitalisierung für Bildung, globale Vernetzung und Zusammenarbeit. Sie bringt die große Chance mit sich, die verkrusteten Silostrukturen aufzubrechen, und das Unmögliche möglich zu machen. Der Mensch bekommt in dieser zunehmend digitalen Welt nicht nur Flügel, sondern auch eine neue Aufgabe. Wahrscheinlich sind wir so nah wie noch nie in der Geschichte der Menschheit an dem Punkt, das menschliche

2 Ein neues Team für eine neue Zeit 35

Potenzial voll zu nutzen. Dazu müssen wir uns sehr auf unsere menschlichen Fähigkeiten konzentrieren. Neben den menschlichen Fähigkeiten und warum wir heute anders Team sein müssen als am Fließband der Industrialisierung, bekommen noch andere menschliche Aspekte eine höhere Gewichtung als in der Vergangenheit. Soziale Gerechtigkeit zum Beispiel. Das Streben nach Gleichberechtigung und Respekt für alle Menschen, unabhängig von Geschlecht, Rasse, Religion, sexueller Orientierung oder sozioökonomischem Status, ist ein wichtiger Aspekt des guten Handelns und war ehrlicherweise nie leichter erreichbar als heute, in einer Welt, in der es uns doch so gut geht. Sollte man meinen. Ethik und Integrität sind weitere Aspekte. Handel auf eine ethisch einwandfreie Weise und halte dich an hohe Standards in allen Lebensbereichen, sei es im Beruf, in zwischenmenschlichen Beziehungen oder in der Gesellschaft. Das setzt Respekt, Toleranz und Perspektivenvielfalt voraus. Diversity ist mittlerweile genauso wie New Work, Nachhaltigkeit und Digitalisierung zu einem Buzzword verkommen, bevor es jemals richtig losgegangen ist. Diese Vielfalt, und nicht weil wir unterschiedlich aussehen, oder unterschiedliche Voraussetzungen haben, sondern vor allem diese neuronale Vielfalt, bringt unterschiedliche Ideen und Zusammensein zum Sprudeln. Wie wir in Abschn. 2.1 „So reagieren Menschen auf Stress, Wandel und Komplexität" und wie durchdringen wir die heutige Komplexität gelesen haben, geht es genau darum. Perspektivenvielfalt und echtes Teamplay gegen die Komplexität und Vereinsamung. Aber nicht nur das. Der Mensch ist fähig, zwischen richtig und falsch zu unterscheiden und moralische Entscheidungen zu treffen. Ein bewusstes Engagement für moralische Prinzipien ist entscheidend für gutes Handeln. Insgesamt spielt der Mensch also eine aktive und entscheidende Rolle im guten Handeln, indem er seine moralische Autonomie,

Verantwortungsbewusstsein, Empathie und Fähigkeit zur Selbstreflexion nutzt, um positive Veränderungen in der Welt herbeizuführen.

Gerade so etwas wie Entscheidungsfindung, richtig von falsch zu unterscheiden, ethisch korrekt zu handeln, generell unsere menschlichen Fähigkeiten anzuwenden, unterscheidet uns in Zukunft von künstlicher Intelligenz und macht das Zusammenspiel so wertvoll.

2.4 ChatGPT kann keine Soft Skills

Dass die künstliche Intelligenz eine ganze Menge weiß, ist mittlerweile klar. Sie schafft im Handumdrehen deine Bachelorarbeit, die Steuererklärung, sogar den Antrag auf Zulassung als zugelassener Arzt. Nur wie sieht das im anwendbaren Alltag aus, in der zwischenmenschlichen Kommunikation? Kann ein Chatbot-Assistent mit künstlicher Intelligenz Antworten auf Patientenfragen geben, die mindestens von vergleichbarer Qualität und Einfühlungsvermögen sind, wie die von Ärzten verfassten? In einer Querschnittsstudie von 2022 wurde genau das überprüft, mit interessanten Ergebnissen. (Ayers et al., 2023) Man hat nach dem Zufallsprinzip 195 Austausche zwischen Ärzten und Patienten erneut, ohne Vorwissen oder Verweise, von einer künstlichen Intelligenz beantworten lassen. Die Chatbot-Antworten wurden generiert, indem die ursprünglichen Fragen jeweils in eine neue Sitzung mit der künstlichen Intelligenz eingegeben wurden. Die Bewerter wählten aus, „welche Antwort besser war" und beurteilten sowohl „die Qualität der bereitgestellten Informationen" (sehr schlecht, schlecht, akzeptabel, gut oder sehr gut) als auch „die Empathie oder das Verhalten am Krankenbett" (nicht empathisch, etwas empathisch, mäßig empathisch, empathisch und sehr empathisch). Von den 195 Fragen und Antworten zogen die Bewerter in 78,6 % der Fälle die Antworten des Chatbots den Antworten der Ärzte vor. 3,6mal besser in der Qualität und sogar 9,8mal empathischer! Was sagt uns das? Es gibt offensichtlich Nachholbedarf. Mit Sicherheit nicht nur bei den Ärzten, das soll hier kein Bashing einer Berufsgruppe sein. Interessant ist jedoch, welche Unterstützung so eine künstliche Intelligenz inzwischen liefern kann. Im Abschn. 1.3 „Unhappy. Unsinnig. Unkreativ." Haben wir ja schon einen kurzen Abstecher in den Pflegeberuf gemacht, und nun sind wir im Beispiel bei den Ärzten. Wir wissen alle, wie wenig Zeit sie im Alltag haben. Das kann also wirklich kein Vorwurf sein. Nur muss sich die Ärzteschaft schon selber kritisch die Frage stellen, wie offen sie gegenüber neuen Themen wie der realen Einführung digitaler Assistenten im Praxisalltag sind. Aus der Krankenhauswelt wird einem immer wieder gespiegelt: Wir haben 80 % Papierkrieg und 20 % Zeit für den Patienten. Es geht also in diesem Falle überhaupt nicht darum, Jobs abzubauen. Es geht darum, groß und neu zu denken und Chancen zu nutzen. Stell dir mal vor, der Arzt hat nun 80 % Zeit für den Patienten, und nur noch 20 % Papierklüngel. Dann klappt es auch mit der Ausführlichkeit, der Qualität und sogar der Empathie im Gespräch und im Arztbericht. Wir machen hier also Arbeit wirklich besser – ohne mehr Arbeit haben zu müssen.

Eine Frage bleibt: Ob die Ergebnisse wirklich empathischer oder sympathischer wären. Künstliche Intelligenz ist Mathematik und somit Wahrscheinlichkeitsrechnung. Man bekommt also immer das wahrscheinlichste Ergebnis, das fühlt sich wohlig warm an. Ob sympathischer oder empathischer bedürfte aber vermutlich einer weiteren Untersuchung.

Neben der gewonnenen Zeit kommt es noch auf eine weitere Komponente bei der Zusammenarbeit mit der künstlichen Intelligenz an, auf die menschlichen Fähigkeiten. Wie wir mittlerweile selbst feststellen, hat die Art und Weise und auch Qualität unserer Fragestellung maßgeblichen Einfluss auf das Ergebnis bzw. die Art und Weise, wie dieses formuliert wird. Wir können einen Arztbericht auch im Rap-Stil von Snoop Dog verfassen lassen. Nicht dass das nötig wäre, aber der Verweis auf die menschlichen Fähigkeiten war mir an dieser Stelle noch mal wichtig. Vor allem aber auch noch das kritische Denken, analysieren, Briefing weitertreiben wirkt entscheidend.

Wir haben heute also die Zeit und den Raum, uns auf das zu konzentrieren, was uns Menschen ausmacht! Ein Zitat, welches Andrew J. Scott, Professor an der Economic London Business School zugeschrieben wird, hat es auf den Punkt gebracht:

„Während Maschinen besser darin werden, Maschinen zu sein, müssen Menschen besser darin werden, menschlicher zu sein. Empathie, emotionale Intelligenz usw. werden also für das Arbeitsverhältnis immer wichtiger."

Lass uns also weiter in die menschlichen Fähigkeiten eintauchen, die anscheinend zunehmend wichtig werden.

2.5 Soft Skills – die helle Seite der Macht

So! Ab jetzt geht es ans Eingemachte! Der Kern dieses Buches, die menschlichen Fähigkeiten. Also aufpassen und mitdenken. Wenn du hier aussteigst, wird es im dritten Akt schwierig.

Eins haben wir alle mittlerweile sicher gelernt bzw. schmerzlich am eigenen Leibe erfahren müssen: mit der Einführung von digitalen Tools und einem neuen

Organigramm ist die digitale Transformation noch nicht abgeschlossen! Neue Zimmerpflanze und „open space" im hippen Look machen fünf Minuten ordentlich was her, bis der erste Mitarbeitende seinen Teammitglied oder Chef nervt. Oder Mensch meint, es müsste wieder Politik betrieben werden, anstatt gemeinsam an einem großen Ziel für das gemeinsame Unternehmen, zu arbeiten. Strukturen, Projekte und Innovationen an schönen Arbeitsplätzen leben nur durch die Menschen, die sie erfolgreich befeuern und neu denken können.

Soft Skills, menschliche Fähigkeiten, vor allem kreativ, kritisch, sogar neu denken und diesen Diskurs miteinander aushalten können, frei von Hierarchie-Leveln und Expertenstatus, zeichnen uns in Zukunft gegenüber künstlicher Intelligenz aus. Wenn das Land der Dichter und Denker wieder innovieren und den Ton angeben möchte, wird es in Zukunft darum gehen, Verantwortung zu übernehmen und das auch zu können. Nicht nur zu meckern, sondern auch zu machen. Ob im Kleinen oder im Großen. Jeder für sich. Es gibt Dinge die Maschinen besser können. Das sollen sie auch gerne tun. Uns zum Beispiel lästige, repetitive Aufgaben abnehmen. Vielleicht auch schwere, körperliche Arbeit. Verzichten wir gerne drauf. Die rechnen auch schneller und genauer in ihrem digitalen Gehirn als wir. Und es gibt zum Glück Dinge, die Menschen besser können. Kreativ um die Ecke denken, nett sein, hilfsbereit, miteinander sein, ethisch korrekt sein, innovativ sein, Extra-Meilen gehen aber auch abwägen, Entscheidungen treffen. Wir können rational, aber auch intuitiv und mit Gefühl. Und das ist sehr wichtig, vor allem das Abwägen und der „gesunde Menschenverstand". Wo uns höher, schneller, weiter und der Zahlenwahn hingebracht haben, spüren wir seit einiger Zeit. Was uns mittlerweile klar sein müssten: Die Digitalisierung fordert die Wiedereinführung des selbstständigen und verantwortungsbewussten Menschen. Denn es gibt viel zu tun in Zukunft und zu entscheiden. Auch das können Menschen zum Glück besser als Maschinen.

Soft Skills, menschliche Fähigkeiten sind also essenziell in der neuen Welt. Laut Weltwirtschaftsforum sogar gleichbedeutend, wenn nicht sogar mehr als die technologischen Fähigkeiten. Wenn man sich die zehn Top Job Skills des Weltwirtschaftsforums regelmäßig anschaut, stellt man fest, dass mittlerweile die meisten davon sehr menschliche Fähigkeiten und Eigenschaften sind. (Masterson, 2023)

So einfach ist das mit den Soft Skills anscheinend aber nicht. Das mag daran liegen, dass Soft Skills ehrlicherweise überhaupt nicht soft sind! Eigentlich sind sie die harten Skills! Zu lernen, wie ich einen Job erledigen kann, wie ich mit Excel, einem Computer, KI oder sonst was umgehe, ist massiv leichter als Empathie oder vernünftiges Denken zu lernen, Diskurs und Innovation zuzulassen! Vielleicht ist der Begriff Soft Skills auch einfach falsch gewählt, mindestens ungünstig, weil er diese wichtigen Fähigkeiten als weniger wichtig oder wert erscheinen lässt, obwohl sie oft am schwersten zu meistern sind. Führung, Kommunikation, Zusammenarbeit, Kreativität und Anpassungsfähigkeit sind verhaltensbezogene, soziale und emotionale Fähigkeiten. Sie machen den Menschen hinter dem Mitarbeitenden oder der Führungskraft aus und tragen entscheidend zu einer gelingenden Zusammenarbeit und einem guten Leben bei. Es sind letztlich die Fähigkeiten, die entscheiden über Erfolg oder Nichterfolg, darüber, ob die Extrameile gegangen oder Dienst nach Vorschrift gemacht wird, ob wir ein gelingendes Miteinander haben oder in einer toxischen Kultur leben und arbeiten.

Adam Grant hat in seinem Buch „Hidden Potenzial" (Grant, 2023) deshalb eine mindestens interessante Unterscheidung gewählt: character (soft) und cognitive (hard) skills. Charakter wird oft mit Persönlichkeit verwechselt, ist aber nicht dasselbe. Persönlichkeit ist die Veranlagung – deine grundlegenden Instinkte, wie du denkst, fühlst und handelst. Charakter ist die Fähigkeit, deinen Werten Vorrang vor diesen Instinkten zu geben. Und vor allem dich an deine Werte zu erinnern, bevor du direkt wieder handelst. Sei hier an dieser Stelle im Einklang, mit deinem Handeln und deinen Werten. Ich möchte den cognitive (hard) skills natürlich nicht ihre Daseinsberechtigung absprechen, aber ich möchte doch ermuntern, über diesen Impuls und die Eigenschaften, die uns Menschen menschlich machen, nochmal nachzudenken.

Passend zu all dem veröffentlicht der Harvard Business Manager in einer Studie, dass die Unternehmen die Rolle der Führungskräfte erheblich neu definiert haben. (Sadun et al., 2023) Traditionelle Fähigkeiten – vor allem die Verwaltung finanzieller und betrieblicher Ressourcen sind nach wie vor von großer Bedeutung. Doch wenn Unternehmen heute nach Spitzenkräften suchen, messen sie diesen Fähigkeiten weniger Bedeutung bei als früher und geben stattdessen einer Qualifikation den Vorrang vor allen anderen: einer ausgeprägten sozialen Kompetenz.

Wer oder was sind nun diese Soft Skills, diese menschlichen Fähigkeiten eigentlich? Wenn man danach googelt, bekommt man nach wie vor sehr diffuse Antworten, obwohl das Wort Soft Skills heute auch schon ein so großes neues Buzzword geworden ist. Vor allem bekommt man neben sehr diffusen, nur sehr verkopfte und wissenschaftliche Antworten, mit denen hinterher niemand etwas anfangen kann.

Was ist das nun wieder genau? Soziale Kompetenz? Und wie mache ich all diese menschlichen Fähigkeiten gut sprech-, lern- und anwendbar? Auf in den Abschnitt Soziale Kompetenz!

2.6 Soziale Kompetenz

Social Intelligence oder soziale Kompetenz – was ist das überhaupt?

Eine Studie des Harvard Business Manager hat, wie im Abschn. 2.5 beschrieben, gezeigt, dass soziale Kompetenz oft wichtiger ist als traditionelle Managementfähigkeiten. Führungskräfte mit hoher sozialer Intelligenz sind besser in der Lage, Mitarbeiter zu motivieren, Konflikte zu lösen und ein positives Arbeitsumfeld zu schaffen. Sie sind in der Lage, Veränderungen zu führen und Innovationen voranzutreiben.

Bekannt gemacht hat den Begriff der Sozialen Intelligenz vor allem Daniel Goleman durch sein gleichnamiges Buch, welches 2006 erschienen ist. (Goleman, 2006) Bereits 1996 erlangte er international Aufmerksamkeit mit seinem Besteller: EQ – Emotionale Intelligenz. (Goleman, 1996) Daniel Goleman promovierte in Harvard und arbeitete als Redakteur für Psychologie und Neurowissenschaften bei der New York Times. In „Soziale Intelligenz" beschäftigt sich Goleman stark mit dem zwischenmenschlichen Umgang und dem Verhalten in sozialen Zusammenhängen. Damit sind wir direkt beim Thema. Soziale Intelligenz ist die Gesamtheit individueller Einstellungen und Fähigkeiten, die im Sinne der Kooperation nützlich sind. Es geht also um die Fertigkeiten und oder Fähigkeiten, die nötig sind, Themen oder Projekte gemeinsam anzugehen. Empathie und soziale Fähigkeiten zusammen bezeichnet Goleman als Soziale Intelligenz, sie sind zusammen der interpersonelle Part von Emotionaler Intelligenz. Diese hier angesprochenen Fertigkeiten kann man auch als Soft Skills, menschliche Fähigkeiten bezeichnen. Bei Daniel Goleman zeichnet sich das insbesondere dadurch aus, dem anderen zuhören zu können, sich in ihn hineinversetzen zu können, dessen Gefühle wahrnehmen und nonverbale Signale deuten und eben dementsprechend der Situation handeln zu können. Plus eben auch sich selbst dabei treu bleiben und verwirklichen können. Ich muss auch verstehen, warum mich selber hier alles nur noch aufregt! Oder glücklich macht! Oder wie es gut und erfolgreich werden kann, und wie wir das als Team gemeinsam schaffen können.

> „Empathy is the most important leadership skill" (Browser, 2021)

Empathie bekommt nicht nur bei Daniel Goleman ein Alleinstellungsmerkmal. Auch das FORBES Magazin (Forbes 2021) oder Harvard Business Review (Valadon, 2023) bezeichnen Empathie als den entscheidenden (Leadership) Faktor und Satya Nadella (CEO Microsoft) hat bei Microsoft den Turnaround geschafft, weil er Empathie an Tag 1 seiner CEO-Laufbahn als die Kernsäule seiner Business-Strategie ausgerufen hat. (Denning, 2021) Zu Empathie als menschliche Fähigkeit später mehr.

Menschen im Miteinander machen das Leben lebenswert – nicht die Interaktion zwischen Mensch und Maschine. Das haben wir alle zur Genüge während der Corona-Pandemie erfahren, wo wir durch Social Distancing nicht nur Freunde und Familie, sondern ebenso die Kollegen im Büro vermisst haben, um sich gegenseitig täglich zu Höchstleistungen anzufeuern! Und eigentlich haben wir das bei der Arbeit doch schon immer vermisst. Oder uns mehr gewünscht. War doch schon immer so. Und es gibt sie tatsächlich, diese berühmten Funken, diese Verbindungen, die wir miteinander eingehen, wenn wir miteinander sind, im echten Leben. An Sprichwörtern wie „Hier stimmt die Chemie!" oder „Ich kann dich gut riechen!" war schon immer was dran. Diese Verbindungen sind tief. Nichts erschüttert ohne weiteres eine Freundschaft, die seit Jahren Bestand hat. Genauso ist das mit Beziehungen bei der Arbeit, zu Kolleg:innen, zu Vor- oder auch zu Untergesetzten. Gute Beziehungen entstehen da nicht, weil ich die dunkelsten Geheimnisse kenne oder wir uns in hippen Kulturen alle duzen. Gute Beziehungen entstehen, weil wir einander vertrauen, in Stärken und Schwächen, weil wir sein können, wie wir sind, damit alle ihr volles Potenzial entfalten können, dürfen, wollen.

Nur, wie werden Soft Skills und soziale Kompetenz in Unternehmen lebendig?
Business, Organisationen, Teams – es ist wie im Mannschaftssport. Ein einzelner wird niemals ein funktionierendes, zusammenhaltendes Kollektiv schlagen. Und wenn wir wie beschrieben, Kreativität, auch Diskurs und Neugierde miteinander vereinen und aushalten können, schaffen wir gemeinsam manchmal Dinge, von denen Einzelne nie geträumt hätten. Das wirkt sich schlicht und ergreifend auf Innovationskraft und den Business Case aus.

Also: TOP DOWN! Und BOTTOM UP!
Wenn das Top-Management nicht mitmacht oder selber nicht in der Lage ist, bleibt die Transformation eine Stellenreduktion oder im Zweifel nur ein neues Organigramm mit schönen neuen Möbeln und coolen Funktionsbezeichnungen. Da kann man sich seine agilen Strukturen und Business-Ökosysteme noch so schön auf Blätter malen und mit Post-its an Korkwände pinnen. Wenn das Team nicht befähigt wird, wenn es nicht eingebunden und ermächtigt wird, wird es nichts mit Innovationskraft, Extrameile und Co. Dann empowerst du nur ihre Strukturen, aber nicht die Teams, die in diesen neuen agilen Strukturen erfolgreich sein sollen. Wir müssen als Menschen und Organisationen verstehen und lernen, dass wir

den Schutt der Industrialisierung zunehmend hinter uns lassen und mehr und mehr in die digitale Welt aufbrechen, in der Wissensarbeit und Vielhändigkeit gefordert ist, um die Vorzüge der Digitalisierung und künstlichen Intelligenz zu nutzen. Wir müssen verstehen, dass wir als Team, als neues Kollektiv, welches Verantwortung übernimmt, neu, kritisch und kreativ denkt, über eine selbstlernende und sich innovierende Organisation zu einer erkenntnisfähigen Organisation und Gesellschaft reifen müssen. Eine Gesellschaft und Organisation, in der Fortschritt auch Wachstum sein kann!

Wenn Vorgesetze, vielleicht sogar Ambassadore, das täglich in den einzelnen Abteilungen vorleben, integrieren, umsetzen, dann kommen wir dem Ziel ein großes Stück näher. Dafür müssen Werte, Einstellungen, Verhalten(sregeln), Glaubenssätze, Ideen in einem Rahmen festgelegt sein, und sogar fester Bestandteil der Zielerreichung sein! So besteht eine große Chance, das Mitarbeitende folgen können, sich begeistern können und sich zu 100 % einsetzen wollen.

Falls es doch mal hakt: Die gute Nachricht ist, dass soziale Kompetenz erlernt und weiterentwickelt werden kann. Dafür können hilfreich sein:

1. Selbstreflexion: Indem wir uns bewusst mit unseren eigenen Stärken und Schwächen auseinandersetzen, können wir unsere sozialen Fähigkeiten gezielt verbessern. Wir sollten uns fragen, wie wir in zwischenmenschlichen Situationen reagieren und wie wir unsere Kommunikation und Interaktionen verbessern können.
2. Achtsamkeit: Achtsamkeitstraining kann uns helfen, präsenter im Moment zu sein und unsere zwischenmenschlichen Beziehungen bewusster zu gestalten. Indem wir uns auf unsere eigenen Emotionen und die

Emotionen anderer Menschen konzentrieren, können wir empathischer und einfühlsamer werden.
3. Kommunikationstraining: Durch Kommunikationstrainings und -workshops können wir unsere verbalen und nonverbalen Kommunikationsfähigkeiten verbessern. Wir lernen, klar und respektvoll zu kommunizieren, aktiv zuzuhören, Missverständnisse zu vermeiden und Diskurs als etwas sehr Befruchtendes zu empfinden.
4. Empathie entwickeln: Empathie ist eine Schlüsselkomponente sozialer Kompetenz. Indem wir versuchen, uns in die Lage anderer Menschen zu versetzen und ihre Perspektive zu verstehen, können wir unsere empathischen Fähigkeiten stärken und unsere zwischenmenschlichen Beziehungen vertiefen. Es geht hierbei aber nicht nur um mein Gegenüber, sondern auch um mich. Dazu und zu anderen menschlichen Fähigkeiten, die der Kooperation dienen und Soziale Kompetenz fördern später mehr, unter menschliche Fähigkeiten

Insgesamt ist soziale Kompetenz eine entscheidende Fähigkeit, die es uns ermöglicht, erfolgreich mit anderen Menschen umzugehen und erfüllende zwischenmenschliche Beziehungen aufzubauen. Indem wir unsere sozialen Fähigkeiten gezielt fördern und weiterentwickeln, können wir nicht nur unser persönliches Wachstum und Wohlbefinden fördern, sondern auch unseren beruflichen Erfolg und den des Teams oder sogar der gesamten Organisation.

Also, lass uns weiter in die Welt der menschlichen Fähigkeiten vordringen.

2.7 Die menschlichen Fähigkeiten

Menschen sind individuell, komplex, manche sogar verrückt! Vor allem aber faszinierende Wesen, reich an einzigartigen Fähigkeiten und Potenzialen. Wir wollen verschiedene menschliche Fähigkeiten erkunden und verstehen, wie sie die Idee von der sozialen Kompetenz lebendig werden lassen. Von der tiefen Verbindung durch Empathie und Achtsamkeit bis hin zur überzeugenden Kraft von Charme und Kommunikation, von der endlosen Kapazität des Denkens und Lernens bis hin zu den komplexen Mechanismen des Entscheidens und der Intuition – wir werden in die Welt der menschlichen Fähigkeiten eintauchen und sie aus verschiedenen Blickwinkeln betrachten. Denn die menschlichen Fähigkeiten sind nicht nur Grundbausteine unserer Existenz, sondern auch Schlüssel zu persönlichem Wachstum, beruflichem Erfolg und zwischenmenschlichem Glück. Sie sind das Werkzeug, das uns erlaubt, die Herausforderungen des Lebens zu meistern, unsere Träume zu verfolgen und unsere Ziele zu erreichen. Durch die Erkundung dieser Fähigkeiten werden wir nicht nur verstehen, was es bedeutet, menschlich zu sein, sondern spannende Erkenntnisse entdecken, die uns dabei helfen, das volle Potenzial unserer menschlichen Fähigkeiten zu nutzen. Wir werden herausfinden, wie wir unsere Beziehungen vertiefen und unsere Kommunikation verbessern können, wie wir kreativer denken und Ideen fördern, und wie wir kluge Entscheidungen treffen und unserer Intuition vertrauen können.

2.7.1 Achtsamkeit und Empathie

Wer Achtsamkeit praktiziert, kann empathischer sein, so hängen die beiden zusammen. Das alles hat natürlich

Auswirkungen im beruflichen wie privaten Kontext, auf uns selbst, unser Miteinander, entscheidet über Erfolg oder Misserfolg, und bringt zudem noch gesundheitliche Benefits mit sich, die wissenschaftlich erforscht und belegt sind. Ein Must-have, in dieser neuen digitalen und komplexen Welt. Aber der Reihe nach. Mindfulness/Achtsamkeit kommt aus dem „Buddhistischen Denken und Handeln". Denken und Handeln, zwei Fähigkeiten, die uns nicht nur im beruflichen Kontext guttun. Das Konzept wurde in den 70er Jahren populär durch die Arbeit von Herbert Benson, Harvard Kardiologe und Gründer des Harvard Mind/Body Medical Institute. Jon Kabat-Zinn von der Universität Massachusetts war ein weiterer Pionier und wurde durch sein 8-Wochen-Programm Mindfulness-Based-Stress-Reduction (MBSR) bekannt.

Eine sehr einfache Antwort zum Thema Achtsamkeit wäre: Das absichtliche Nutzen von Aufmerksamkeit. Vorurteilsfrei! Absicht, Beachtung und Einstellung gegenüber Dingen, Situationen, Menschen würde das Konzept abrunden und vertiefen. Vorurteilsfrei und neugierig zu sein, sind die Einstellungen, die beim Thema Achtsamkeit hilfreich sind. Heutzutage wird Achtsamkeit mittlerweile über weite Strecken sehr kommerziell dargeboten. Verspricht alles, überwiegend sehr spirituell angehaucht und ist mitunter schon zu einem Buzzword verkommen, bevor es wirkungsvoll losging. Denn wirkungsvoll kann und wird es sein, wie die Wissenschaft mit harten Fakten belegen kann! Wenn wir aber noch einmal an den Ursprung „Denken und Handeln" denken, bekommt das ganze Konzept doch schon sehr fokussierte Züge. Und Fokus ist ein super Stichwort, in der heutigen, schnelllebigen Welt. Die Grundidee von leicht praktizierter Achtsamkeit/achtsamer Meditation ist, in der Chaos-Komplexität dieser Welt, das Gehirn zu beruhigen und die Aufmerksamkeit einer Person zu stärken, indem man die Person sich wieder fokussiert (vielleicht sogar auf das Wesentliche). Das kann erstmal atmen sein, Emotionen, Gedanken oder Dinge, die man im Körper spürt, bemerken. Es geht darum wieder im Hier und Jetzt aktiv zu erleben, fokussiert, die unkontrolliert und selbstständig wandernden Gedanken zur Ruhe kommen zu lassen. Eben auch innezuhalten, entlang der Rennstrecke des heutigen Alltags, wo wir immer mehr immer gleichzeitiger tun müssen, und auch wollen in unserem Zeitgeist des „Höher, schneller, weiter". Auch darum geht es: Zeit wieder auszuhalten. Dann werden Pausen zu einem Zeitgewinn und nicht als Zeitverschwendung empfunden.

Die Wissenschaft zeigt mit harten Fakten, wenn wir nicht blind im Autopiloten fliegen, reduziert das den Stress, es setzt Kreativität frei, es steigert die Performance und vermag die Innovationskraft zu fördern. Es macht einen sensibel für Inhalte und Perspektiven. Es ist die Grundessenz für Engagement, für Verbindungen, im beruflichen wie privaten Kontext. Es gibt Energie, es raubt keine! Achtsamkeit ist Innehalten und Abschalten vom überflüssigen Nonsens des Tages. Die Wissenschaft kann belegen, welche Auswirkungen Achtsamkeit auf unseren Körper hat, und wie es sogar unser Gehirn verändert. Hin zum Positiven natürlich. Scans vom Gehirn zeigen Unterschiede zu Gruppen, die Achtsamkeit/Meditation angewendet haben zu denen, die dieses nicht taten. Stärkere Ausbreitung der grauen Zellen im Hippocampus, der Teil des Gehirns, der für Lernen und Erinnerung zuständig ist. Auf der anderen Seite aber eine Reduktion der Zellen im Gehirn die für Angst und Stress zuständig sind. Menschen, die über acht Wochen täglich 30 min Achtsamkeit praktizierten, hatten nachweislich Veränderungen im Gehirn in Bezug auf Gedächtnis, Selbstwahrnehmung, Empathie und Stress. Ebenso fanden Studien heraus, dass der Blutdruck gesengt wird, und wir längere

Aufmerksamkeitsspannen haben. Es verbessert also durchaus unser Well-being, wir fühlen uns besser und entspannter, es beruhigt Nervensystem und Atmung und wir können die Langzeitwirkungen auf Körper und Geist erahnen. Ein Team von Wissenschaftlern der University British Columbia und der Technischen Universität Chemnitz haben gemeinsam herausgefunden, dass insgesamt acht verschiedene Regionen des Gehirns nachhaltig betroffen sind, durch achtsame Meditation (Congleton et al., 2015). Wir konzentrieren uns auf zwei, die wesentlich sind für unseren Business-Erfolg. Die erste Region ist die ACC – Anteriorer cingulärer Cortex – der tief am Vorderkopf, hinter den Frontallappen sitzt. Der ACC spielt eine Rolle bei autonomen Funktionen wie der Blutdruckkontrolle und der Herzfrequenz, aber auch bei Funktionen höherer Ordnung wie Erwartungshaltung, Entscheidungsfindung, Impulskontrolle und Emotionen. Der ACC scheint besonders involviert zu sein, wenn eine Anstrengung erforderlich ist, um eine Aufgabe auszuführen wie beim frühen Lernen und der Problemlösung. Er hilft uns, hier kontrolliert und doch flexibel strategisch agieren zu können. In Bezug auf Impulskontrolle wird der ACC mit Lernen aus Erinnerungen/Erfahrungen in Verbindung gebracht, um eine gute Entscheidungsfindung zu supporten. Wichtig in diesen unsicheren, schnellen, flexiblen Zeiten. Die zweite „Highlight Region" ist der Hippocampus, Teil des limbischen Systems, ein Set innerer Strukturen verbunden mit Erinnerungen und Emotionen. Wie bereits erwähnt zeigt diese Region durch Achtsamkeit eine Steigerung der grauen Zellen. Eingebettet in Rezeptoren des Stresshormons Cortisol, welche, so zeigen Studien, durch chronischen Stress beschädigt werden können. Wenn wir das zusammenfassend betrachten, sehen wir, wie wichtig dieser Teil des Gehirns unter anderem auch für Resilienz ist, eine weitere wichtige Fähigkeit in dieser schnellen Welt.

Stichwort Resilienz und Co. Ein Raum zwischen Reiz und Reaktion. „Jetzt atmen wir erst einmal tief durch, und dann legen wir noch mal los". Diesen Satz haben wir wahrscheinlich alle schon, und nicht nur in unserer Kindheit, zu Genüge gehört. Jetzt atmen wir erst einmal tief durch, ist im Prinzip achtsam praktizierte Meditation. Wenn wir das länger machen als nur diesen einen Atemzug, z. B. drei mal zehn Minuten am Tag, dann hilft uns das, das rationale Denken anzukurbeln und das Nervensystem herunterzufahren. Wir haben zuvor gelesen, was unser Gehirn für unglaubliche Denkprozesse und emotionale Meisterleistungen zustande bringt. Jetzt sind wir also wieder ganz am Anfang, beim Ursprung „Denken und Handeln" im Buddhismus. Wenn wir dabei zu Ruhe und Fokus (zurück-)finden, schafft das Achtsame Atmen, die achtsam praktizierte Meditation einen Raum zwischen Reiz und Reaktion. Und ermöglicht so eine bewusste Handlung anstelle einer gewohnheitsbedingten Reaktion. Logisch, wenn wir ruhiger und fokussierter sind, und vor allem erst einmal denken, bevor wir handeln. Soziale Kognition wird seit Jahren erforscht und beinhaltet eine Vielzahl kognitiver Prozesse, die zur erfolgreichen Interaktion in einer sozialen Umgebung notwendig sind. Eine sehr wichtige Komponente der sozialen Kognition ist die Fähigkeit, sich in eine andere Person hineinversetzen zu können, und so deren mentalen Zustand – das kann z. B. eine Überzeugung, Intention oder Emotion sein – zu erkennen. Diese Fähigkeit wird als mentalizing oder Theory of Mind (TOM) bezeichnet. Die TOM ist entscheidend für eine angemessene Reaktion auf Menschen in unserer Umgebung. Um angemessen auf Menschen in unserer Umgebung reagieren zu können, müssen wir uns allerdings nicht nur in den oder die andere hineinversetzen können, sondern vor allem auch uns selbst in dem Moment verstehen. Warum regt mich das jetzt überhaupt auf, warum macht mich dieses glücklich, oder jenes traurig. Das kann mir gut gelingen, wenn ich wie zuvor erläutert, zu Ruhe und Fokus vor meinem Denken und Handeln zurückgefunden habe. Warum ist das so? In einer weiteren, von Psychologen an der Harvard Universität durchgeführten Studie wurde 2010 herausgefunden, dass ein wesentlicher Grund für unsere schlechte Laune bei der Arbeit in unseren störenden Gedanken liegt – und nicht in dem, was mit uns geschieht (Bradt, 11. November 2010). Haben wir es also tatsächlich auch ein bisschen selbst in der Hand? Oder im Hirn? Und es geht hier nicht wieder darum, sich die Dinge schön oder passend zu reden. Sondern vielleicht einen klaren Zugang zu finden, anstatt sich direkt wieder aufzuregen. In einem Workshop haben wir mal folgenden Satz kreiert: „Auch wenn mich irgendwas tierisch aufregt, ich muss mich ja nicht drüber aufregen!" Genial oder? Also, erst mal tief durchatmen!

Wer achtsamer ist, kann empathischer sein, habe ich ganz am Anfang geschrieben. Zu seinen Mitmenschen, aber auch zu sich selbst! Die Frage ist, was ist jetzt Empathie eigentlich genau? Und wie kann mir das gelingen? Die meisten würden sagen: Das ich mich gut in andere hineinversetzen kann. Das ist es aber nicht nur. Es geht auch um mich. Mindestens wenn wir über Interaktionen sprechen. Dann hat das, was mein Gegenüber mit mir macht, was es in mir auslöst, wenn ich mich hineinversetzt habe, oder erstmal zugehört habe, auch Auswirkungen auf den gesamten Kontext. Und dann entstehen aus Du und Ich ein Wir. Privat wie beruflich. Eben menschlich. *„Empathie schafft emotionale Verbindungen durch menschliche Bedürfnisse"* hat meine Empathie-Trainerin Marie Miyashiro aus Hawaii mir beigebracht. Und es macht Sinn. So wird ein softes Wort wie Empathie begreifbar und sprechbar, sogar anwendbar. Ich und Du gleich Wir. So simpel (Abb. 2.3).

2 Ein neues Team für eine neue Zeit 53

ES KANN SO EINFACH SEIN.
GENIAL, ODER?

ICH + DU = (WIR)

Human Connection
Menschliche Verbindungen

Abb. 2.3 Ich-Du-Wir-Skizze. (Eigene Darstellung in Anlehnung an die Ich-Du-Wir-Idee von Marie Miyashiro)

Human Connection also, menschliche Verbindungen, darum geht es. Verschiedenste Hormone schüttet unser Wunderwerk Körper jeden Tag zu den unterschiedlichsten Anlässen aus. Und wir müssen verstehen, dass der Radar für Gefahr in unserem Gehirn und das Helferlein Hormon Oxytocin eng zusammenarbeiten. Einfach ausgedrückt, schwarz und weiß arbeiten zusammen, wenn wir abwägen, wenn wir überlegen, ob gut oder böse. Yin und Yan balancieren sich also aus, wie alles im Leben. Oxytocin sorgt dafür, dass diese Beidhändigkeit erst möglich wird. Oxytocin könnten wir nicht nur als Helferlein, sondern als soziales Hormon bezeichnen. Es sorgt seit eh und je dafür, dass wir lernen, zusammen sein wollen, müssen und auch möchten. Oxytocin erfüllt uns, wenn wir zusammenarbeiten, füreinander sorgen, es ist da, hilfsbereites Verhalten zu fördern und Freundschaften zu knüpfen, ermöglicht Hilfsbereitschaft, es beflügelt also Zugehörigkeit, bis hin zu Liebe und Vertrauen. Wir entstressen. Und unser Gehirn erinnert sich, wenn wir wieder und wieder bei den gleichen Menschen Oxytocin ausschütten, aus welchen Gründen auch immer, deshalb sind diese festen Bande, diese Freundschaften, wenn diese Funken geflogen sind, durch nichts, zumindest nicht so leicht zu erschüttern.

Empathie gab es schon immer. Es hebt uns Menschen deutlich gegenüber künstlicher Intelligenz ab. Wir wollten und konnten schon immer miteinander sein, und mussten das auch. In Teams jagen und sammeln, nur gemeinsam waren wir stark, sonst wären uns die Tiere überlegen gewesen, vor allem hätten wir uns nicht weiterentwickelt. Was früher die Tiere waren, ist heute die hochkomplexe Welt. Das kann und muss keiner ganz alleine schaffen. Für einander da sein und sorgen, das hat (kulturelle) Gemeinschaft und Gesellschaft ausgemacht und entwickelt. So werden wir geboren, es liegt uns seit eh und je in den Genen. Das muss man sich schon selber abtrainieren. Wir sehen bei Kindern jeden Tag, was gelebte und angeborene Empathie ist. Jeder kommt so auf die Welt. Jeder kann es also auch (wieder) lernen, wenn diese angeborene Kompetenz in den Alltagsschlachten verschüttet wurde. In der Pandemie lernten wir, dass wir es wirklich wollen und auch brauchen. Wir brauchen sie, die menschlichen Verbindungen, im Büro und auf der Straße. Human Connection eben.

Nur wie soll man denn Empathie lernen können? Und auch lehren können? Auch wenn dann noch jemand wirklich unsympathisch ist. Das vielleicht sogar über sich selbst behauptet, nicht empathisch zu sein. Wir haben gerade schon gelesen: Grundsätzlich werden wir mit Empathie geboren, wir müssen das mitunter wieder freilegen und uns erinnern. Wir müssen auch kreativen Themen wie Gefühlen eine Struktur verleihen, damit sie nachvollziehbar und greifbar für uns werden. Step by Step: Empathie ist wie Achtsamkeit eine Reise und es verhält sich wie mit Muskeln und gutem Training. Wunder und Transformationen geschehen nicht über Nacht und unser Gehirn ist wie ein großer Muskel, wir müssen also trainieren, permanent. Das haben wir auch schon beim Thema Achtsamkeit gelernt: Einmalanwendung tut gut, hilft aber nicht nachhaltig.

Neben Ich, Du und Wir ist bei Empathie auch wichtig zu verstehen, dass es nicht darum geht, immer nur nett zu sein, und dem Gegenüber zu gefallen, Es geht darum, für beide Seiten und im gegenseitigen Verstehen, authentisch zu sein. Es geht nicht darum, immer nur Ja und Amen zu sagen und immer nur zuzustimmen, sondern um gegenseitiges Verständnis. Und es geht nicht um oberflächlich dargestellte Sympathie, nur um Dinge bewegen zu können, sondern um eine achtsame Neugier und somit echtes Interesse. An der Sache und meinem Gegenüber.

Wir haben bisher gelernt, warum und dass wir miteinander sein wollen. Aber was macht es manchmal kompliziert? Und bietet zugleich Chancen, Konversationen und Miteinander auf ein ganz anderes Level zu heben? Wie immer im privaten wie beruflichen Kontext, geht es um Gefühle und Bedürfnisse. Wenn wir die Gefühle und Bedürfnisse unserer Partner, Kollegen, Freunde und Co verstehen, aber auch die eigenen befriedigt werden, dann gelingt Miteinander, Entwicklung und Umsatz am erfolgreichsten. Vor allem am nachhaltigsten. Dann entstehen sie, diese tiefen Verbindungen, in denen wir zusammenhalten, füreinander da sind, zusammen verlieren und zusammen gewinnen.

Gefühle hat jeder Mensch. Kennt jeder und sind doch schwer zu beschreiben, weil es kulturell auch oft nicht angebracht war. Im Business-Kontext erst recht nicht. Und weil es so viele gibt. Oftmals sind sie ein Ausdruck einer Situation, die jemand erlebt, und gehen per se mit einer individuellen Bewertung der Situation, wie gut oder eben nicht gut, einher. Manchmal werden Gefühle konträr zur Rationalität gesehen. Sie werden dargestellt als etwas lästiges, ungreifbare Geister, die in uns wohnen und einfach nur eingefangen und kontrolliert, mindestens gefühlt und verstanden werden müssen. Dabei sind Gefühle ganz manifest. Sie beeinflussen direkt beobachtbare Kennzahlen, wie z. B. die Durchblutung, den Cortisolspiegel im Blut oder unseren Herzschlag. Doch nicht nur das: Sie sind abgrenzbar. Neid fühlt sich anders an als Scham, und wirkt sich auch noch anders auf unseren Organismus aus. Liebe, Angst, Depression, Furcht, Abscheu oder Wut sind voneinander unterscheidbare Muster, die ganz messbar unsere Stimmung, unseren Körper, unsere Gedanken und unsere Beziehungen beeinflussen.

Bedürfnisse, hat auch jeder Mensch. Ob wir etwas gut oder eben nicht gut finden, liegt allerdings nicht an dem Gefühl. Das Gefühl ist nur der Ausdruck der Bewertung. Dem zugrunde liegen eben Bedürfnisse, die befriedigt wurden, oder eben nicht. Nach Anerkennung zum Beispiel, Liebe, Konnektivität o. ä. Man kann in kurzfristige und auch langfristige Bedürfnisse unterscheiden. Grundsätzlich werden sie bei Menschen zu Motiven für Handlungen und oder Reaktionen. Darüber sollte man sich im Klaren sein.

Um Empathie zu verstehen, denk also dran, es geht um Ich – Du – Wir, sowie unsere Gefühle und Bedürfnisse. Wenn wir das dann noch mit dem „Denken und Handeln" aus dem Achtsamkeitspart in Einklang bringen, kommen wir einem wertvollen Miteinander ein gewaltiges Stück näher.

Lass uns nun schauen, wie wir empathisch, charmant und direkt kommunizieren.

2.7.2 Charme und Kommunikation

Der Übergang von Empathie und Achtsamkeit zu Charme und Kommunikation ist Authentizität! Kommunikation und auch Miteinander sein hat sich in den letzten Jahren durch die Digitalisierung stark verändert. Wir sind dadurch viel vernetzter und haben doch mitunter das Gefühl alleine zu sein. Mit Kontakten und Followern haben wir zwar versucht, connected zu sein, doch fühlen wir uns nicht verbunden. Echte menschliche Verbindungen, die im echten Leben, von Angesicht zu Angesicht entstehen, sind etwas anderes. Wer charmant ist, kommuniziert leichter und gewinnbringender, auf allen Ebenen. So hängen diese beiden Themen zusammen, und bedingen sich gegenseitig. Und was hat nun Charme mit Authentizität zu tun? Charme kommt aus dem französischen und kann mit faszinieren, entzücken, verzaubern übersetzt werden. Im deutschen Sprachgebrauch wird es häufiger mit der Art und Ausstrahlung eines Menschen zusammengebracht. Jemand ist z. B. charmant oder bezaubernd. Dinge haben einen gewissen Charm – sie wirken also anziehend. Charmantes – ganz gleich, ob Mensch oder Sache – weckt Interesse und Aufmerksamkeit.

Ein bekannter Getränkehersteller würde fragen „Sind wir nicht alle ein bisschen Bluna?!" Also auch einfach mal verrückt sein, dadurch vielleicht etwas wagen. Dadurch auch etwas von sich preisgeben. Wie man ist. Wie man denkt. Und verrückt sein können alle, egal welcher Bildungsstand! Das ist der Moment wo wir in beruflichen wie privaten Momenten unsere Komfortzone verlassen können, und nicht selten die besten Dinge unseres Lebens passieren. Vor allem ist authentisch sein aber auch ehrlich sein, mit sich selbst und der Umwelt. Und unser Gegenüber bemerkt das, bei Intuition. Das ist der Moment, wo ehrliche Kommunikation möglich wird, Vertrauen und Sicherheit entstehen, und nicht selten lange Beziehungen wachsen. Auch das brauchen wir wieder privat wie beruflich. Menschen können und wollen dadurch andocken. Das müssen wir uns gegenseitig zugestehen. Und wir docken an. Wenn diese berühmten Funken fliegen. Auf welcher Ebene auch immer. Gerade aber dieses Zugestehen ist keine einfache Sache. Nicht einmal uns selbst gegenüber. Mitunter versuchen wir heute dieses durch Kontakte und Follower auf den sogenannten „sozialen" Netzwerken abzubilden. Darüber schwebt die Digitalisierung. Wir nutzen sie für ein neues Vernetzen. Dahinter steckt aber eigentlich wieder Zusammensein. Wir merken allerdings mittlerweile, dass Online-Beziehungen schnell einsam werden. Wieso ist das so? Man könne doch meinen, dass Slack, Teams und WhatsApp mehr als genug Vernetzungsfläche bieten. Vielleicht spielt die Authentizität auch hier eine Rolle? Denn wie authentisch ist schon unser digitaler Auftritt? In den sozialen Netzwerken präsentieren wir ohnehin ausschließlich Erfolge und auch Zoom-Meetings laufen eher weniger natürlich ab. Es fehlt die Kontaktfläche zu unseren Mitmenschen. Für bedeutsame Bindungen – zu Organisationen und Menschen – brauchen wir Greifbarkeit – echte Wesen, echte Fehler, echte Leidenschaft, kurz gesagt: Authentizität. Wenn wir die Freiheiten, die uns die Digitalisierung schenkt, nutzen wollen, müssen wir das volle menschliche Potenzial entfalten und erhalten, um in interdisziplinären Teams innovativ und nachhaltig erfolgreich sein zu können. Wir müssen miteinander authentisch und charmant sein. Dann funktioniert das mit dem Andocken und gemeinsam erfolgreich sein. Auf was immer sich Erfolg im individuellen Falle bezieht.

Und wie binden wir uns nun charmant ein? Im Prinzip kommt es auf drei Dinge an. Vertrauen. Freundlichkeit. Verletzlichkeit. Was passiert, wenn wir die psychologische Sicherheit erfahren, und auch einfach selbstbewusst genug sind, und auch werden, was passiert dann also, wenn wir frei aufspielen, charmant sind, bezaubern? Freundlichkeit schwebt natürlich über allem. Wer nicht freundlich ist, anderen gegenüber freundlich auftritt, mit einer interessierten Neugier am Gegenüber, wird keine charmante Ausstrahlung versprühen und keine tiefere Beziehung aufbauen. Vertrauen und Verletzlichkeit hängen stärker zusammen. Ich muss meinem Gegenüber vertrauen um Verletzlichkeit zulassen und zeigen zu können. Tuen wir das, merkt das unser Gegenüber. Stellt fest, dass sie nicht alleine sind, uns also auch Probleme umtreiben. Vielleicht sogar ähnliche. Das verbindet. Wiederum stellt unser Gegenüber fest, dass man uns genauso vertrauen kann, Verletzlichkeit zeigen kann, sein kann, wie man ist. Das führt zu einem offenen, eben auch wieder freundlichen Umgang miteinander. Das führt vor allem auch dazu, dass wir nicht den Starken vor der Welt spielen müssen. Menschen merken intuitiv, wenn jemand zu stark spielt, wenn es aufgesetzt ist. Menschen wollen auch an der Verletzlichkeit teilhaben. Menschen wollen füreinander da sein, helfen, unterstützen – privat wie beruflich. Wie wäre es, wenn wir auch im Büro füreinander da sind, Ideen einbringen, die andere sogar bezaubern könnten, und es nicht alleine schaffen müssten. So entstehen gemeinsam Ideen, auf die einer alleine nie gekommen wäre.

Der Übergang von Empathie und Achtsamkeit zu Charme und Kommunikation ist Authentizität, habe ich geschrieben. Authentizität beflügelt Charme. Charme verbessert jede Kommunikation. Beide sind der Hebel, das Werkzeug das intensiven und vertrauensvollen Umgang erst ermöglicht. Im Zusammenspiel mit guter Kommunikation bringt es Sicherheit und Kontinuität. Aber was ist überhaupt gute Kommunikation, ein gutes Gespräch? Wir haben über Charme schon gelesen, dass es nicht unbedingt einfach ist, mögliche Verletzlichkeit zu zeigen, oder Gefühle, geschweige denn über sie zu sprechen. Und so bleiben wir in Gesprächen lieber auf Nummer sicher. Laufen dadurch aber Gefahr, an der Oberfläche zu schwimmen. Es gibt aber die Chance, die Konversation mit anderen zu verbessern, zu intensivieren. Gute Zuhörer stellen dann gute, relevante Fragen. Ernsthaftes Interesse und achtsame Neugier kommen hier wieder zum Einsatz. Ebenso zu sehen, dass wir mit unseren Problemen nicht allein sind, das räsoniert wirklich stark. Und wenn wir schon den Aufwand auf uns nehmen, uns zu treffen, uns zu sehen, miteinander zu sein, dann doch wenigstens gehaltvoll. Oftmals meiden wir intuitiv Treffen, Menschen, Gespräche, die uns zu oberflächlich erscheinen. Das ist dann das Gegenteil von Kultur.

Die Grundidee einer guten Kommunikationskultur, bringt Menschen zusammen und beendet das Alleinsein, nimmt alle mit zum gemeinsamen Ziel, verwandelt Herausforderungen in Ideen und Möglichkeiten, tauscht wertvolle Informationen aus, verwandelt Komplexität in Einfachheit, schlägt Brücken in interdisziplinären Teams und bringt Witz und Charme in den grauen Alltag.

Warum ist für all das authentische und ehrliche Kommunikation so wichtig für Menschen? Manchmal sagen wir lieber gar nichts, als die unbequeme Wahrheit aussprechen zu müssen. Auch im Anhören der unbequemen Wahrheit sind wir oft nicht gut. Nur wem hilft das? Menschen müssen die schlechten Neuigkeiten wissen, um sie beheben zu können. Menschen brauchen das große Ganze, um gemeinschaftlich agieren zu wollen und auch zu können. Und immer wieder Intuition: Menschen merken, wenn sie für dumm verkauft werden! Die inhaltsleeren Townhalls kann man sich sparen. Meetings mit Mitarbeitenden, in denen nur die halbe Wahrheit erzählt wird ebenso. Mitarbeitergespräche, Feedback, das nicht der Wahrheit entspricht, wo sich Menschen falsch behandelt fühlen, braucht wirklich niemand. Und: Oft haben wir selber Probleme, klar zu formulieren, was wir wollen, brauchen oder wie wir uns fühlen, aber erwarten von anderen, dass wir blind verstanden werden! Und wehe, wenn nicht! Es hilft also nichts! Wir müssen da durch! Versuchen wir es charmant und authentisch! Eine Essenz: Immer nur nett und schön reden bringt uns nirgendwo hin. Und damit bleiben wir auch bei Authentizität. Wir müssen schon für uns und unsere Sachen einstehen. Grundsätzlich haben wir gelernt, wenn wir höflich sein wollen, nicht zu sehr über uns selbst zu reden, uns nicht selbst zu sehr abzufeiern. Dabei geht es gar nicht so sehr um die Menge, die wir über uns selbst sprechen, sondern mehr um die Art und Weise und auch den Inhalt. Menschen wollen echten Inhalt hören. Im positiven wie negativen. Das ermöglicht Hilfestellung und oder Support. Niemand will hören das immer nur alles perfekt ist, und dann die Blase irgendwann platzt. Wir kommen anderen näher, wenn wir ehrlich sind. Vielleicht sogar Dinge anbieten, die sehr vertraulich sind, uns sogar blamieren können, in der Tiefe entstehen echte Verbindungen, sogar Freundschaften. Das super einfach ausgesprochene Ziel eines Dates, ob beruflich oder privat ist doch klar. Wir wollen dem anderen gefallen, und das soll auf Gegenseitigkeit beruhen. Unsere Ideen sollen gegenseitig gekauft werden. Ein Pitch ist nichts anderes als flirten, charmant sein. Mit Inhalten und Persönlichkeit. War doch schon immer so, letztlich hat die Persönlichkeit den Ausschlag gegeben. Da wir als Menschen grundsätzlich auf Überleben trainiert sind, suchen wir immer automatisch nach Langzeitpartnern. Partnern, die auch Krisen mittragen. Das macht aus Fremden Freunde, auch in dieser verrückten (Business-)Welt. Du garantierst hier also weiter ein gutes, gelingendes Miteinander.

Wie geht das nun mit der authentischen Kommunikation, wenn es wirklich mal zur Sache geht, und wir vielleicht harten Diskurs aushalten müssen? Es gibt im Prinzip zwei Arten von Menschen: Die, die wie eben beschrieben geradeaus direkt ins Gesicht sagen, was Sache ist, und eben die anderen. Das Gute an denen, die direkt kommunizieren, man weiß eigentlich sofort, was Sache ist. Nicht immer einfach zu nehmen und eigentlich doch. Man muss nicht raten, nicht entschlüsseln, nicht übersetzen, es gibt dabei auch keine Überraschungen. Wenn sie etwas nicht tun wollen, sagen sie es. Wenn sie etwas nicht mögen, sagen sie es. Wenn sie etwas mögen, sagen sie es auch. Es gibt nur schwarz oder weiß. Wenn ein Projekt nicht gut läuft, warten sie nicht bis zur Katastrophe. Ich glaube es würde uns allen guttun, etwas Freude an dieser klaren Direktheit zu entwickeln. Das bedeutet, dass wir Freude am Diskurs entwickeln müssen. Was passieren kann ist, dass wir auf jemanden treffen, der eine völlig andere Meinung hat als wir. In dieser Situation wird es spannend. Wir fühlen uns triumphierend, weil wir es ja besser wissen, oder glauben, dass wir Recht haben. Das gleiche Recht müssen wir im umgekehrten Fall unserem Gegenüber zugestehen. Sind wir in dieser Balance, besteht die Möglichkeit, gemeinsam zu wachsen! Denn: Wenn uns jemand sehr direkt etwas sagt, was wir zum Beispiel für völlig verrückt halten, so besteht dann doch die Chance, dass, wenn wir das charmant, empathisch, und mit echten Inhalten kommuniziert bekommen, dass wir unsere Meinung ändern. Das sind genau diese Momente, die wir manchmal als Erleuchtung bezeichnen. Momente in denen wir schon komplette Kurswechsel über Nacht vollzogen haben.

Dafür kommt in der Kommunikation noch eine Zutat ins Spiel. Zuhören! Zuhören bedarf der achtsamen Neugier, als Garant für eine gute Gesellschaft! Und Zuhören fällt Menschen zunehmend schwer(er). Alle müssen ja auch gute Redner sein, sich und ihre Projekte gut verkaufen, plus, in der Masse an Input schrumpft unsere Aufmerksamkeitsspanne. Aber man soll auch stolz erzählen. Nur den anderen eben auch den Raum geben. Im Sinne der guten Gesellschaft. Gute Zuhörer schaffen es, wirklich anzudocken und total dabei zu sein! Sie folgen der Tiefe unserer Gedanken! Nichts hören wir lieber als „Erzähl weiter!", wenn Menschen wirklich gefangen sind. Sie stellen Fragen, zeigen wirkliches Interesse! Warum hat dich das gestresst, warum macht dich das fröhlich. Was hat das mit dir gemacht. Sie merken sich Dinge. Manchmal sind wir überrascht, an was sie sich erinnern können. Das gibt uns ein besonderes Gefühl! Wie gut muss das Gespräch gewesen sein? Das führt zu einem anderen Level an Verbundenheit. Gute Zuhörer sorgen für Klarheit. Weil sie mitdenken. Verbindungen herstellen, Dinge interpretieren, die wir sagten. Fast philosophische Züge nimmt dieses tiefe Mitdenken an. Man versucht zu helfen, die wirklich großen Fragen zu beantworten. Gute Zuhörer verurteilen nicht, egal wie schlimm oder bescheuert es manchmal ist. Sie halten das aus. Im Raum zwischen Reiz und Reaktion. Das schafft ein ganz anderes Vertrauen. Gute Zuhörer können gut Feedback geben, auch wenn es gegenteiliger Meinung ist. Sie schaffen es, uns das artgerecht zu servieren, ohne zu meckern oder zu stressen. Solchen Zuhörern, möchten auch die Redner zuhören!

Im nächsten Schritt müssen wir nun über das, was wir gerade empathisch und direkt gesagt bekommen haben, nachdenken!

2.7.3 Denken und Lernen

Kritisches Denken, Kreativität und Neues lernen sind mit Sicherheit gute Berater, wenn wir komplexe Probleme lösen wollen. Im Prinzip bestätigt das Weltwirtschaftsforum mit seinen zehn Top-Job-Skills, was wir seit geraumer Zeit nicht nur spüren, sondern täglich erleben. Die Welt ist komplexer geworden, die Probleme, die es zu lösen gilt mit ihr. Ambidextrie, also Vielhändigkeit, ist jetzt gefordert. Alleine können wir das nicht mehr schaffen, kollektive Intelligenz, auch im Zusammenspiel mit künstlicher Intelligenz bringt uns nach vorne. Nur dieses gemeinsame Ringen müssen wir miteinander aushalten, und Positivität befeuern, nicht die zarten Ideen direkt am Anfang zerstören. Wenn man nämlich meint etwas verstanden zu haben, denkt man ja schon nicht mehr, oder? Beim Denken werden einem oft Endprodukte bewusst, weniger aber der Prozess dorthin. Dieser ist aber entscheidend, wenn wir neu denken wollen. Und vielleicht sogar gut denken wollen!

Am Ende unseres Denkens steht irgendein geistiges Ergebnis, vielleicht sogar ein Erkenntnis-Gewinn. Denn Erkenntnisse erlangen wir in Abwesenheit von Bewusstsein, also auch der Abwesenheit von bewusstem Wissen. Wir denken also neu. Dabei Lernen wir. So hängen die beiden zusammen.

Denken ist richtig harte Arbeit, deshalb machen das auch nicht so viele Menschen, wird immer so schön gesagt. Da kommt zum Beispiel der oder die Vorgesetzte und fragt «Was denken Sie denn darüber?» Und dann antworten die Menschen gleich. Da hat niemand nachgedacht. Die Menschen antworten oder erzählen nur, was sie schon im Kopf haben. Das mag reichen, wenn einer fragt ob noch Milch im Kühlschrank sei, aber vermutlich nicht, wenn es neu, kreativ, frech oder tief analytisch sein soll. Wir kennen das alle. Wir haben alle schon mal im Freundeskreis gesagt «Komm, lasst uns mal was erfinden, was es noch nicht gibt, was aber alle brauchen, und damit werden wir stinkereich!» Meist kommt dann nicht viel, oder es dauert ewig, bis einem eine erste Idee einfällt. Das zeigt a) welch harte Arbeit das Neudenken ist, und b) dass es eben nicht mit einem 30 min Kreativmeeting getan ist, wo ein paar bunte Post-its ausgelegt werden, und jeder mal eben schnell seine kreativen Ergüsse notieren soll. Diese gerade erwähnte, erste, vielleicht winzige, fragile Idee kann wichtig sein. Ihr eine Chance zu geben, diesen anfänglichen Zauber weiter zu spinnen.

Eine anfängliche Idee weiterzuspinnen, weiterzudenken, entstehen zu lassen, ist ein kreativer Prozess. Anstrengend, brüchig, und schnell mit Zweifel und Kritik zu überladen. Der Designer Jony Ive, der fast 30 Jahre mit Steve Jobs verbracht hatte, welcher nicht nur das Unternehmen, sondern auch die Welt mit Apple und seinen Produkten veränderte, hatte zum 10. Todestag daran erinnert, welche Ehrfurcht Steve Jobs dem kreativen Prozess entgegenbrachte. (Ive, 4. Oktober 2021) Steve Jobs liebte Ideen und liebte es, Dinge zu kreieren, aber Jony Ive ist ganz besonders der Prozess, der Weg zu einer am Ende ausgereiften Idee hängen geblieben.

Im Zentrum von Ives Botschaft über das Herangehen von Steve Jobs steht die Heiligkeit des kreativen Prozesses und die Anerkennung der Fragilität und der Potenziale von Ideen. Wie er betont, beginnen Ideen oft als kaum geformte Gedanken, die leicht übersehen oder zerstört werden können. Diese Erkenntnis fordert uns dazu auf, Raum für das Wachstum und die Entfaltung von Ideen zu schaffen, bevor wir sie kritisieren oder ablehnen. Lass uns den Zweifel und die Skepsis zu einem späteren Zeitpunkt einbringen, nachdem die Idee genügend Zeit hatte, sich zu entwickeln. Irgendwann wird die Frage erlaubt sein müssen, ist das jetzt gut, geht das, bringt uns das was, ist das nützlich, vielleicht sogar erfolgreich oder richtig, aber eben nicht direkt am Anfang. Nicht sofort zerstören. Nicht sofort „Das geht hier bei uns nicht" oder „Das haben wir schon immer so gemacht" etc. Diese „Totengräberfragen" ersticken jeden Fortschritt, jede Innovation, jedes Wachstum sofort im Keim.

Ein Schlüsselaspekt, den Ive hervorhob, ist die Bedeutung des „Ja, und"-Ansatzes. Dieser Ansatz fördert eine

Kultur der Zusammenarbeit und des konstruktiven Dialogs, bei dem Ideen unterstützt und erweitert werden, anstatt sofort abgelehnt zu werden. Durch dieses kooperative Vorgehen können wir den kreativen Funken am Leben erhalten und gemeinsam auf unbekanntes Terrain vorstoßen. „Ja, und?" setzt Neugier und ernsthaftes Interesse an der Sache, an der Idee voraus. „Ja, und?" fragt nach dem „Was geht da noch?". Es speist den Optimismus darauf, dass da noch mehr geht. Selbst wenn wir eine anfängliche Idee irritierend, vielleicht als falsch betrachten, kann man so einen innovierenden Ansatz, durch das „Ja, und?" finden. Wenn man den positiven Glauben hat, das immer irgendwo 10 % Gutes versteckt ist, kann man so danach graben.

Dieses Vorantreiben erster zarter Ideen ist sehr mit Denken und Lernen verbunden. Wir denken durch das „Ja, und?" nicht nur nach, sondern sogar weiter, darüber erlangen wir mitunter neue Erkenntnisse und lernen. Nicht selten ist das von hartem Diskurs begleitet. Es geht darum, das Miteinander auszuhalten beim Ideen treiben. Man sagt immer so schön, die guten Teams kommen mit konstruktivem Feedback zurecht. Damit es auch geordnet abläuft im Meeting. Aber die richtig guten Teams halten den Diskurs aus, wie bei Kommunikation gelesen, und hauen sich die Ideen so lange um die Ohren, bis sie standhalten. Erst dann sind es wirkliche Ideen oder Innovationen. Aber eben nicht direkt am Anfang den zarten Funken zerstören!

In unserem Streben nach Innovation und Fortschritt müssen wir uns bewusst sein, dass das Denken und Lernen ein fortlaufender Prozess ist. Es erfordert Mut, Neugierde und die Bereitschaft, uns auf neue Ideen einzulassen. Indem wir eine Umgebung schaffen, die Raum für Kreativität bietet und den Respekt für unterschiedliche Perspektiven fördert, können wir echte Durchbrüche und

Innovationen erleben. Es geht im Denken und Lernen und dem damit verbundenen Diskurs nicht darum, sein Gesicht zu verlieren. Deshalb schrieb ich in diesem Buch auch schon vom empathischen, direkten Kommunizieren.

Hier möchte ich tatsächlich mit einem viel zitierten Zitat enden, welches oft Steve Jobs zugeschrieben wird:

> „In weak companies politics win! In strong companies best ideas win!"

Um diese Idee von Denken und Lernen zu etablieren, sind Attribute wie Vertrauen und Ehrlichkeit, Neugier und Unternehmergeist sowie Respekt und Diskursfähigkeit von enormer Bedeutung. Neugier ist eine natürliche menschliche Eigenschaft, die durch ein starkes Verlangen nach Erkundung, Lernen und dem Verstehen der Welt geprägt ist. (Beier, 2020) Wie oft haben wir das Gefühl, wir könnten die Hände über dem Kopf zusammenschlagen, wir verstünden die Welt nicht mehr. Hier könnte Neugier also helfen. Neugier ist die Basis von Unternehmergeist. Sie treibt uns an, Potenziale zu entdecken. Der Glaube daran, dass da noch mehr ist, was es zu entdecken und zu entwickeln gibt, den Status Quo so nicht mehr zu akzeptieren. Ohne Neugier wäre das Leben ziemlich langweilig. Sie stärkt die Kreativität, stimuliert das Lernen und stärkt die Problemlösungskompetenz. All das setzt ein achtsames Interesse an der Sache oder auch zwischenmenschlichen Beziehungen voraus. Manchmal lässt die Neugier uns sogar gegen unsere Prinzipien verstoßen, Kreativität entwickeln, im Umgang mit Regeln, um neue Welten zu entdecken. Denn wir sind neugierig und wissen das noch mehr geht. Die Neugier verhilft unserem Unternehmertum, eine neue Idee, Produkt oder Dienstleistung zu entwickeln, zu organisieren und umzusetzen, um einen wirtschaftlichen Mehrwert zu schaffen. Sie weckt unseren Innovationsgeist,

Risikobereitschaft und die Fähigkeit, Chancen zu erkennen und zu nutzen. Um neugierig zu bleiben, investieren wir in Weiterbildung, Recherche und neue Projekte und Angebote. Wir bereichern unseren Arbeitsalltag in dem wir uns neuen Herausforderungen stellen und Chancen ergreifen. Wir betrachten uns als eine Gemeinschaft, als ein Netzwerk von Experten, die Lust haben, die Welt zu verändern.

Um Neugier angstfrei ausspielen zu können, bedarf es Vertrauen. Vertrauen in mich selbst, und in die Menschen um mich herum. Vertrauen ist nicht nur ein essenzieller konzeptioneller Bestandteil zwischenmenschlicher Beziehungen, sondern in einer bewegten, schnelllebigen und manchmal auch verrückten Welt, ein Ankerpunkt und Ruhepol entlang der Rennstrecke des Alltags. Vertrauen ist ein sozialer Schmierstoff, der Zusammenarbeit, Kooperation und effektive Kommunikation ermöglicht. Was wir damit zeigen, sind Ehrlichkeit, Authentizität und vielleicht sogar Verletzlichkeit. Zusammen sorgen sie dafür, dass Menschen sich engagieren, vielleicht sogar in unserem Sinne helfen wollen. Das haben wir als Mensch in uns. Per se wollen wir helfen und uns engagieren. Außer wir merken instinktiv, wenn etwas faul ist, und oder nicht alle an einem Strang ziehen.

Das Vertrauen speist den Optimismus darauf, dass alles gut werden wird, was uns wiederum beflügelt und uns mit unglaublicher Energie ausstatten kann (Beier, 2020) – im Rahmen unserer Erfahrungen und Sozialisierung. Die beiden letztgenannten trainieren und entwickeln wir, indem wir uns neuen Aufgaben stellen und lernen. Wir sorgen also dafür, dass wir 'up to date' bleiben und in unsere Fähigkeiten vertrauen können. Um Vertrauen aufzubauen, bedarf es großer Anstrengungen allerseits. Wir erhöhen die Zeit der Zusammenarbeit und entwickeln gemeinsame Ziele, die wir erreichen wollen, an den wir als Unternehmen und Menschen wachsen, und für die wir gemeinsam einstehen. Vertrauen und Ehrlichkeit und auch Neugier und Unternehmertum werden begleitet und beflügelt von Respekt und Diskursfähigkeit. Und Respekt und Diskursfähigkeit begleiten und beflügeln Vertrauen, Ehrlichkeit, Neugier und Unternehmertum. So einfach hängen diese zusammen. Diskursfähigkeit umfasst nicht nur das klare Ausdrücken von Gedanken und Meinungen, sondern auch das Verständnis anderer Standpunkte, das Einbringen von relevanten Informationen und die Fähigkeit, konstruktiv auf unterschiedliche Perspektiven zu reagieren. Respekt ist ein grundlegendes soziales Prinzip, das den Achtungs- und Wertschätzungsaspekt in zwischenmenschlichen Beziehungen betont. Er bezieht sich auf die Anerkennung der Würde, der Rechte, der Meinungen und der Grenzen anderer Menschen. Respekt zeigt sich in Höflichkeit, Rücksichtnahme und dem Bewusstsein für die Individualität jedes Menschen. Beide zusammen, Respekt und Diskursfähigkeit bieten die Chance, das Selbstwertgefühl und die Kommunikation von und zwischen Menschen zu verbessern. Wir Menschen können eine Menge ertragen, aber niemand kann damit umgehen, wenn er respektlos behandelt wird. An dieser Stelle schwindet die Gleichung und Diskurs wird rational nicht mehr möglich sein. Beim Denken, Lernen, kreativ sein und Innovationen vorantreiben, bieten wir alternative Perspektiven an und fördern eine Atmosphäre, in der unterschiedliche Meinungen geschätzt werden. Wir wenden Respekt in der Kommunikation und im Verhalten bewusst an und tragen dazu bei, ein harmonisches und respektvolles Umfeld zu schaffen, in dem wir die Herausforderungen, die vor uns liegen, gemeinsam bestmöglich bewältigen. Diskurs zu führen, bedeutet nicht sein Gesicht zu verlieren. Wir wollen gemeinsam gewinnen und die Welt ein bisschen besser machen. All das war eben im alten Arbeitsmodell und

Taylorismus nicht vorgesehen, deshalb ist das gefühlt neu für uns. Wir müssen es also neu lernen und etablieren.

Wenn wir darüber nachgedacht und vielleicht sogar etwas gelernt haben, von dem was wir empathisch direkt kommuniziert bekommen haben, müssen wir entscheiden, wie es weitergehen soll.

2.7.4 Entscheiden und Intuition

Gleich zu Beginn des Buches haben wir gelesen, dass wir Menschen zwei gleich große Gehirnhälften haben. Wir könnten also beide benutzen. Entscheidungsprozesse dauern heutzutage zu lange, da wir mit zunehmender Komplexität in den zu entscheidenden Themen aber auch durch überbordende Bürokratie fertig werden müssen. Das belastet und mitunter überlastet unser Gehirn. Das wiederum laugt uns aus, was in der Folge verständlicherweise keine Lust auf Veränderung macht. Gerade wir in Deutschland, versuchen immer alles zu durchdenken und rational zu erfassen. Das nervt uns manchmal selbst, da wir als Mensch eigentlich den Drang haben, ins Handeln, ins Machen kommen zu wollen. Wobei, wenn man sich den Bürokratie-Irrsinn in der EU anschaut, scheint das nicht nur ein deutsches Problem zu sein. Wie auch immer. Eigentlich ist ein Entscheidungsprozess immer ein dualer Prozess. Entscheidungen werden in der Sache der Natur durch zwei verschiedene Prozesse beeinflusst – einen analytischen, bewussten Prozess und einen intuitiven, unbewussten Prozess. Diese Theorie wurde von Forschern wie Daniel Kahneman und Amos Tversky entwickelt. Gerade Daniel Kahneman, ein renommierter Psychologe und Nobelpreisträger, hat mit seinem Buch „Schnelles Denken, langsames Denken", wichtige Erkenntnisse zum Thema

Entscheidungen und Intuition geliefert, die auf den Forschungen der Beiden beruhen. (Kahneman, 2012)

Kahneman teilt den Denkprozess in zwei Systeme ein. System 1 ist schnell, intuitiv und automatisch. Es beinhaltet spontane Reaktionen und Gewohnheiten. Man könnte auch sagen, wir sind hier im Autopiloten unterwegs. Wir verlassen uns auf unsere Intuition, die sich aus Erfahrungen und Sozialisierung speist. Manchmal muss es ja spontan sein, manchmal ist es besser, wenn wir uns nicht zu viele Gedanken machen. Intuition basiert oft auf Erfahrungen und implizitem Wissen, das im Laufe der Zeit gesammelt wurde. Menschen können aufgrund dieser Erfahrungen oft intuitiv, effektiv Entscheidungen treffen, ohne die genauen Gründe dafür benennen zu können. Dies ist besonders in Situationen wichtig, in denen Zeit und Ressourcen begrenzt sind, oder die Datenlage nicht klar ist. Oder unser Herz über den Verstand siegt. Aber das ist ein anderes Kapitel. Neuere Forschungen deuten sogar darauf hin, dass Intuition auf unbewusster Informationsverarbeitung beruht, bei der das Gehirn subtile Hinweise und Muster verarbeitet, ohne dass die Person sich dessen bewusst ist. Wir merken also manchmal instinktiv mehr, als wir bewusst wahrnehmen oder Denken. Das deutet auch darauf hin, dass wir diesem Unbewusstem anscheinend doch mehr Aufmerksamkeit schenken sollten oder könnten, als wir es uns vielleicht zugestehen.

Manchmal ist es aber auch besser, wenn wir vielleicht doch noch mal nachdenken, bevor wir direkt losrennen, machen, oder ausrasten und Entscheidungen treffen, die hinterher nicht gut waren, oder wir sie bereuen. System 2 bei Kahneman ist langsamer, bewusster und benötigt mehr Anstrengung. Es wird für große Problemlösungen und bewusste Entscheidungen eingesetzt. Durch seine Forschung hat Kahneman gezeigt, dass System 1 für bestimmte Denkfehler und Voreingenommenheit anfällig ist, die zu irrationalen Entscheidungen führen können. Menschen neigen zum Beispiel dazu, bestehende Überzeugungen zu bestätigen und Informationen zu ignorieren, die diesen widersprechen. Ein. Wie ich finde, sehr wichtiger Punkt. Die eigene Intuition zu verstehen und nutzen zu können. Obwohl System 1 oft spontan und unbewusst ist, kann es durch Training und Erfahrung verbessert werden. Indem man sich bewusst mit den Denkprozessen auseinandersetzt und Techniken zur Verbesserung der Entscheidungsqualität anwendet, kann man seine Fähigkeiten zur intuitiven Entscheidungsfindung stärken. System 2 kann dazu beitragen, die Fehler von System 1 zu korrigieren, indem es bewusste Analyse und kritisches Denken einsetzt.

Mit zunehmender Komplexität, oder vor allem, wenn es sich um Neuerungen, um wirkliche Innovationen handelt, wird es schwieriger, sehr bewusst zu entscheiden. Hierfür steht mitunter schlicht und ergreifend die Datengrundlage nicht zur Verfügung. Hier ist es wichtig, die Balance zwischen bewusstem und intuitivem Denken herzustellen. Die besten Entscheidungen werden oft getroffen, wenn Intuition und Analyse kombiniert werden. Indem beide Ansätze genutzt werden, können wir Menschen von den Vorteilen beider profitieren und bessere Entscheidungen treffen. Insbesondere, wie erwähnt, wenn es um Innovation und Fortschritt gehen soll.

Das mit der Logik gelingt uns vermeintlich ganz gut, aber wir müssen lernen, genauer in die Intuition reinzuhorchen.

Wir spüren heute, und vielfach wird es von Experten bestätigt, wie wichtig Intuition ist und welch´ große Rolle die Psyche von Menschen am Ende bei der Entscheidungsfindung spielt. Intuition und Analyse hin oder her, Nobelpreisträger Kahneman und sein Kollege Tversky konnten belegen, dass Entscheidungen tatsächlich gar nicht so logisch getroffen werden. Zum Beispiel lässt uns unsere

Bestätigungsneigung gekonnt alle Indizien ignorieren, die nicht zu unseren bisherigen Überzeugungen oder Glaubenssätzen passen. Die Verlustaversion sorgt dafür, dass wir das, was wir bereits besitzen oder kennen, unbewusst höher bewerten als potenzielle Gewinne, Erfolge oder damit einhergehende Veränderung. Fällt es uns deshalb vielleicht sogar leichter „schwarz zu malen" als bunt? Weil die Verluste gefühlt mehr schmerzen als die Gewinne? Ist deshalb Veränderung so schwierig? Hier spielt auch die sogenannte Ankerheuristik mit rein. Sie verleitet uns dazu, Informationen, die sich tief in unserem Gedächtnis oder Unterbewusstsein festgesetzt haben, gegenüber anderen ein übermäßiges, vielleicht sogar stärkeres Gewicht einzuräumen. Selbst wenn wir also noch so logisch an Themen herangehen, können wir uns nur schwer einer gewissen Voreingenommenheit entledigen (Abb. 2.4).

Leider hat das Wissen um unsere Voreingenommenheit bislang nicht wirklich dazu geführt, dass sich die Qualität von Managemententscheidungen verbessert haben – weder auf der Ebene des Individuums noch auf der von Organi-

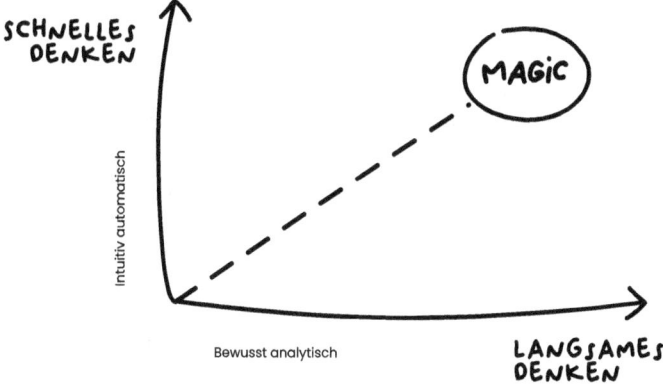

Abb. 2.4 Schnelles Denken, langsames Denken. (Eigene Darstellung in Anlehnung an Kahneman, 2012)

sationen. Dabei ist es durchaus möglich oder sogar nötig, genau hier aktiv zu werden. McKinsey (Lovallo & Sibony, 2010) hat tausend strategische Managemententscheidungen auf den Prüfstand gestellt und ist zu dem Ergebnis gekommen, dass Unternehmen, die versucht haben, Wahrnehmungsverzerrungen gezielt zu reduzieren, um bis zu sieben Prozent höhere Renditen erwirtschafteten. Seine Voreingenommenheit auf den Prüfstand zu stellen, zahlt sich also aus – und kann zudem richtig Spaß machen.

Da es uns aber schwerfällt oder sogar unmöglich ist, unsere eigenen Wahrnehmungsverzerrungen zu durchdringen, sind wir auf Austausch und Feedback angewiesen. Wie wir in Abschn. 2.1 „So reagieren Menschen auf Stress, Wandel und Komplexität?" gelesen haben, macht es Sinn, wenn wir unsere Intuition nutzen wollen, dass sie a) up to date ist, und wir b) besser nicht nur auf eine Intuition vertrauen, sondern mit mehreren Menschen, deren Intuition up to date ist, sprechen sollen, um möglichst nah am gesunden Menschenverstand zu operieren und gute Entscheidungen zu treffen. Das bekommt jetzt hier alles noch mehr Sinn. Wir können bei Entscheidungsfindungen vielleicht nicht die eigenen Wahrnehmungsverzerrungen durchdringen, aber die der anderen abklopfen, um gemeinsam bessere Entscheidungen zu treffen.

Kahnemann hat eine Checkliste mit zwölf Fragen entwickelt. Sie hilft, Störfaktoren zu erkennen, die zu falschen Entscheidungen führen (Kahneman et al., 2016) Durch das Etablieren eines gesunden Hinterfragens und Diskursverhaltens balancieren wir Kahnemanns Systeme 1 und 2.

1. Gibt es Eigeninteressen der Teammitglieder?
2. Hat sich das Team in den Vorschlag verliebt?
3. Gab es abweichende Meinungen im Team?

2 Ein neues Team für eine neue Zeit

Diese ersten drei Fragen sollten sich Führungskräfte selbst stellen, um nicht die Kompetenz der Teammitglieder zu hinterfragen. Die nachfolgenden Fragen können gut gemeinsam im Team angegangen werden.

4. Wurden falsche Analogien genutzt?
5. Wurden glaubwürdige Alternativen erwogen?
6. Würden wir in einem Jahr wieder so entscheiden?
7. Wissen wir, woher die Zahlen stammen?
8. Gibt es einen Halo-Effekt?
9. Orientieren wir uns zu sehr an Früher?
10. Ist das Basisszenario zu optimistisch?
11. Ist das Negativszenario schlimm genug?
12. Ist das Team zu vorsichtig?

Die wahre Herausforderung für Führungskräfte, die eine Qualitätskontrolle für Entscheidungen angehen möchten, und Wahrnehmungsverzerrungen eliminieren möchten, stellen allerdings weder die Zeit noch die Kosten dar.
Es ist wichtig zu verstehen:

1. Dass, selbst höchst erfahrene, extrem kompetente und vollkommen wohlmeinende Manager:innen sich irren können.
2. Dass Manager:innen und Mitarbeitende verstehen müssen, dass der Schlüssel zum Erfolg nicht in individueller Genialität liegt, sondern in einem disziplinierten Entscheidungsprozess und Miteinander.
3. Dafür braucht es schlicht und ergreifend eine Kultur der offenen Kommunikation, in der solche Prozesse wirklich und ernsthaft funktionieren können.

2.8 Die Moral von der Geschicht'

Menschen sind individuell, komplex, manche sogar verrückt! Menschen sind vor allem aber faszinierende Wesen, reich an einzigartigen Fähigkeiten und Potenzialen. Fähigkeiten und Potenziale, die den Unterschied machen, in all dem Wandel, den wir heute vor der Brust haben. Es wird also Zeit, diese Fähigkeiten und Potenziale zu verstehen, wieder zu entdecken und zu fördern. Diese Fähigkeiten wie Empathie, Kommunikation, Denken und Entscheidungsfindung werden zu den grundlegenden Bausteinen für den Aufbau erfolgreicher Teams der Zukunft. Letztendlich liegt der Schlüssel zum Erfolg darin, die menschliche Seite der Teamarbeit zu pflegen und zu entwickeln, um mit den Herausforderungen der modernen Arbeitswelt effektiv umzugehen. In einer Welt, die sich schneller dreht als je zuvor und in der Teamarbeit das A und O ist. Es ist an der Zeit, die vermeintlich „weichen" Skills in den Vordergrund zu rücken! So kann die Mensch-Maschine-Balance aussehen und gelingen. Es wird Zeit, hier Führung zu übernehmen und klar aufzuzeigen, was das für uns konkret bedeutet, auch moralisch und ethisch. Education is key, sowie die Zusammenstellung und ernsthafte Arbeit an und mit den Teams. Also, weg mit dem alten Denken und rein in die neue Ära der menschlichen Fähigkeiten – das ist der Schlüssel zum Erfolg!

> **Fragen zum Transfer**
> 1. Wann hast du zuletzt in einem Management-Meeting gesessen, und eine Schote erzählt?
> 2. Wie stellst du sicher, dass du in der neuen digitalen Welt den Bezug zu Menschen und menschlichen Fähigkeiten nicht verlierst – oder sie vielleicht sogar förderst?

3. Wie kannst du die drei grundlegenden psychologischen Bedürfnisse – soziale Eingebundenheit, Kompetenz und Autonomie – in deiner Arbeit berücksichtigen?

Literatur

Ayers, J. W., Poliak, A., Dredze, M., et al. (2023). Comparing physician and artificial intelligence chatbot responses to patient questions posted to a public social media forum. *JAMA Internal Medicine, 183*(6), 589–596. https://doi.org/10.1001/jamainternmed.2023.1838.

Beier, G. (2020). *77 Human needs: Understand, create and measure human experiences*. DE3P Publishing.

Bradt, S. (11. November 2010). Wandering mind not a happy mind. https://news.harvard.edu/gazette/story/2010/11/wandering-mind-not-a-happy-mind/. Zugegriffen: 14. Mai 2024.

Brower, T. (2021). Empahty is the most important Leadership Skill according to Research. https://www.forbes.com/sites/tracybrower/2021/09/19/empathy-is-the-most-important-leadership-skill-according-to-research/. Zugegriffen: 14. Mai 2024.

Congleton, C., Hölzel, B. K., & Lazar, S. W. (2015). Mindfulness can literally change your brain. https://hbr.org/2015/01/mindfulness-can-literally-change-your-brain. Zugegriffen: 14. Mai 2024.

Denning, S. (2021). How empathy helped generate a $2 trillion company. Forbes 18. Juli 2021. https://www.forbes.com/sites/stevedenning/2021/07/18/how-empathy-helped-generate-a-two-trillion-dollar-company/. Zugegriffen: 14. Mail 2024.

Dilts, R. B. (2014). Logical level alignment. http://www.nlpu.com/Articles/LevelsAlignment.htm. Zugegriffen: 14. Mai 2024.

Goleman, D. (1996). *Emotional intelligence*. Bloomsbury.

Goleman, D. (2006). *Soziale Intelligenz*. Droemer HC.

Grant, A. (2023). *Hidden Potenzial*. WH ALLEN.

Ive, J. (04. Oktober 2021). Jony Ive on what he misses most about Steve Jobs. *WSJ Magazine*. https://www.wsj.com/articles/jony-ive-steve-jobs-memories-10th-anniversary-11633354769. Zugegriffen: 14. Mai 2024.

Kahneman, D. (2012). *Schnelles Denken, Langsames Denken*. Siedler Verlag.

Kahneman, D., Lovallo, D., & Sibony, O. (2016). Checkliste für Entscheider. Harvard Business Manager Edition 4/2016. https://www.manager-magazin.de/hbm/fuehrung/teamfuehrung-checkliste-fuer-entscheider-a-00000000-0002-0001-0000-000146369591?context=issue. Zugegriffen: 14. Mai 2024.

Lovallo, D., & Sibony, O. (2010). The case for behavioral strategy, McKinsey quarterly, März 2010: Bit.ly/1tm0Eul. Zugegriffen: 14. Mai 2024.

Masterson, V. (2023). Future of jobs 2023: These are the most in-demand skills now – And beyond. World Economic Forum. https://www.weforum.org/agenda/2023/05/future-of-jobs-2023-skills/. Zugegriffen: 14. Mai 2024.

Rushkoff, D. (2019). *Team Human*. Norton.

Ryan, R. M., & Deci, E. L. (2000). Self-determination theory and the facilitation of intrinsic motivation, social development, and well-being. https://selfdeterminationtheory.org/SDT/documents/2000_RyanDeci_SDT.pdf.

Sadun, R., Fuller, J., Hansen, S., & Neal, P. J. (2023). Wie sieht der perfekte CEO aus? Harvard Business Manager 2/2023. https://www.manager-magazin.de/hbm/fuehrung/social-skills-und-empathie-welche-faehigkeiten-ein-ceo-heute-braucht-a-46bfe42c-5cff-49f8-bf6f-ceeb7df113f3?context=issue. Zugegriffen: 14. Mai 2024.

United Nations. (2015). The 17 goals. https://sdgs.un.org/goals. Zugegriffen: 14. Mai 2024.

Valadon, O. (2023). What we get wrong about empathic leadership. Harvard Business Review 17. Oktober 2023. https://hbr.org/2023/10/what-we-get-wrong-about-empathic-leadership. Zugegriffen: 14. Mai 2024.

YouTube. (2008). 05 Wie reagieren Menschen auf wachsende Komplexität? https://www.youtube.com/watch?v=m3QqDOeSahU&t=10s. Zugegriffen: 14. Mai 2024.

YouTube. (2023). SIOMO. Das Büro der guten Entwicklung. https://www.youtube.com/@siomodasburodergutenentwic4884. Zugegriffen: 14. Mai 2024.

3

Hallo neue Welt

Die Beharrungskräfte in Organisationen und Gesellschaft sind gewaltig. Das muss wohl damit zu tun haben, dass es wesentlich leichter ist, das Altgewohnte einfach verwalterisch weiter zu optimieren. Es hat vielleicht auch damit, dass Veränderung suggerieren könnte, dass das Alte nicht gut war. Das ist in meinem Verständnis grundlegend falsch, und ein fataler Fehler. Zu seiner Zeit, war das Alte gut und erfolgreich, es hat überhaupt nichts damit zu tun, dass wir gescheitert sind, wenn wir mutig und offen Neuem gegenüber sind. In einer Phase der Neuausrichtung und des Ausprobierens, des Wagens der ersten Gehversuche gehört das Scheitern sicherlich zum Prozess, vor allem aber auch das Loslassen und Zerstören von Altem, sonst kann nichts Neues entstehen. So einfach ist das. In der Logik. Dass das trotzdem in der Umsetzung nicht einfach ist, ist klar. Im folgenden Abschn. versuche ich, ein wenig Licht in den Nebel der Zukunft von Fortschritt und den dafür sinnvollen, richtigen KPIs zu werfen.

3.1 Haben wir eine digitale oder eine kulturelle Evolution – und was folgt daraus?

Die digitale Revolution ist eine kulturelle Evolution! Wahrscheinlich wäre sogar das Kulturelle eine Revolution, da sich die Rahmenbedingungen so gravierend ändern und so viel Veränderung von jedem Einzelnen verlangt wird. Allerdings scheint mir die Veränderungsgeschwindigkeit der Digitalisierung deutlich größer als die kulturelle Evolution. Somit muss man die kulturelle Veränderung eher als Evolution statt Revolution betrachten. Die beiden hängen auf jeden Fall zusammen. Kulturelle Evolution bezieht sich auf den Prozess, durch den sich Gesellschaften im Laufe der Zeit verändern, einschließlich ihrer Werte, Normen, Traditionen, Technologien und Kommunikationsmethoden. Die digitale Revolution hat die Art und Weise, wie wir leben, arbeiten, kommunizieren und uns informieren, tiefgreifend verändert. Wir machen immer mehr immer gleichzeitiger. Das hat die Dichte, mit der wir jeden Tag konfrontiert sind, dramatisch erhöht. Nicht nur die Dichte hat sich erhöht, auch die Entfernung untereinander hat zugenommen, obwohl wir jetzt ja alle vernetzt sind.

Das ist aber noch nicht alles. Die Herausforderungen, mit denen wir heute konfrontiert sind, sind enorm, komplex, und zugleich von großer, ethischer Tragweite. 2015 hat die Weltgemeinschaft deshalb die Agenda 2030 verabschiedet. 17 globale Nachhaltigkeitsziele, die Sustainable Development Goals (SDGs), für eine sozial, wirtschaftlich und ökologisch nachhaltige Entwicklung, wurden ins Leben gerufen (United Nations, 2015). Damit kommen wir wieder auf die gemeinschaftlichen Treiber der Digitalisierung und Nachhaltigkeit. Was uns hier noch fehlt, ist der Part und die Unterstützung für den Treiber 3, den Faktor Mensch. In Abschn. 2.3 „Wie kommen wir uns gute Handeln…" hatte ich über diese drei Treiber geschrieben. Warum ist der Faktor Mensch nun so wichtig, wenn über die Ziele doch eigentlich alles klar geregelt ist? Zum einen müssen wir lernen und uns adaptieren, um mit den Veränderungen in dieser Welt gut leben zu können, vernünftig umzugehen und nicht einfach nur blind zu konsumieren. Zum anderen sehen wir, dass die Umsetzung der SDG-Ziele, dass Digitalisierung und auch Nachhaltigkeit, wenn überhaupt, nur sehr schleppend vorankommen. Die 17 Ziele decken ein breites Spektrum an Themen und Vorschlägen ab, die Menschen mit unterschiedlichen Bedürfnissen, Werten und Überzeugungen ansprechen. Es gibt uns eine klare Vision und Idee von dem, was dringend und unabdingbar geschehen muss. Aber die Fortschritte auf dem Weg waren bisher eher enttäuschend. Es fehlt uns an der inneren Fähigkeit, mit dieser zunehmend komplexen Umwelt und den Herausforderungen umzugehen. Wer ist dafür verantwortlich? Wir Menschen selbst! Was bedeutet das für uns, was folgt daraus? Zuerst einmal, das genauso so anzunehmen. Wir stecken gerade in der Veränderung fest, wir müssen zunächst den Schutt der Industrialisierung beiseite räumen. Die alten Beharrungskräfte sind groß, deshalb wird es Zeit, sie abzulegen.

Aber nicht nur das. Es geht vor allem auch um unsere eigenen, inneren Fähigkeiten. Deshalb gibt es in diesem Buch den großen Bereich mit den menschlichen Fähigkeiten, auf welche es nun genau ankommt, um ins gute Handeln zu kommen. Wenn man sich die zehn Top-Job-Skills des Weltwirtschaftsforums anschaut, stellt man fest, dass der größte Teil aus sehr menschlichen Fähigkeiten und Eigenschaften besteht (World Economic Forum, 2023). Menschliche Fähigkeiten gewinnen als Ergänzung zur fortschreitenden Digitalisierung und künstlichen Intelligenz an Bedeutung! „Es gibt einen stärkeren Fokus und ein größeres Interesse an Menschen mit analytischem Denken und Kreativität", sagte Saadia Zahidi, Geschäftsführerin des Weltwirtschaftsforums, in einem Interview für den Radio Davos-Podcast zum Future of Jobs Report 2023. „Aber es ist auch sehr wichtig geworden, Führungsqualitäten und sozialen Einfluss zu haben, und die Fähigkeit, mit anderen Menschen zusammenzuarbeiten. Die Eigenschaften, die uns menschlich machen, die uns in die Lage versetzen, miteinander in Beziehung zu treten und innovative, kreative Dinge am Arbeitsplatz zu erreichen."

44 % der Kernkompetenzen werden sich dadurch in den nächsten fünf Jahren verändern. Laut dem „Future of Jobs Report" vom Weltwirtschaftsforum müssen demnach 50 % aller Arbeitnehmer umgeschult werden. Upskilling, Reskilling, Education kommen hier ins Spiel. Nicht nur im Schulsystem, sondern auch in der Arbeitswelt. Es braucht einen fundamentalen Shift und vor allem eine ernstgemeinte Gewichtung hin zu genau diesen edukativen Themen. Kein Shi-Shi, kein Bla-Bla mehr, sondern vollkommen ernstgemeint: Wie fördern wir soziale Kompetenz, wie halten wir es bestmöglich miteinander aus im Diskurs, wie ermöglichen wir kreatives und kritisches Denken, und wie treffen wir heute gute Entscheidungen?

Das Versprechen der Industrialisierung war: Wir brauchen nicht mehr, wie die Tiere arbeiten. Wir haben jetzt Maschinen für Euch! Die Industrialisierung hat uns dadurch und über das „höher-schneller-weiter-Mantra" selbst zu Maschinen werden lassen! Die Frage ist also, was soll die Digitalisierung jetzt aus uns machen? Roboter? Oder Menschen? Das erste Versprechen der Digitalisierung dürfte wohl wieder sein: wir brauchen nicht mehr wie Maschinen zu arbeiten! Spätestens die KI nimmt uns repetitive Arbeiten ab. Können wir dann jetzt endlich

„Mensch sein" bei der Arbeit? Bringt die digitale Revolution, dann jetzt endlich auch eine kulturelle Evolution für uns?

An dieser Stelle lohnt ein vielleicht weiter Blick in die Zukunft. Es empfiehlt sich, einmal auf die Idee der „Spiral Dynamics" (Beck & Cowan, 2007) zu schauen. In Zeiten der digitalen Revolution und kulturellen Evolution ist das Verständnis der menschlichen Entwicklung von entscheidender Bedeutung, um die komplexen Veränderungen in der Gesellschaft zu erfassen. Die Spiral Dynamics bietet einen faszinierenden Rahmen, um die Wechselwirkungen zwischen Technologie, Kultur und menschlicher Entwicklung zu verstehen, und gesamtheitlich zu betrachten, wie wir uns als Gesellschaft entwickeln können. Oder könnten!

Im Kontext der Spiral Dynamics können wir diese Entwicklungen durch die Linse der verschiedenen Wertesysteme betrachten, die sich in unserer Gesellschaft manifestieren. Ganz früh in der Entwicklungsgeschichte fangen die Spiral Dynamics bei Themen wie Überleben und Instinkt, Zusammengehörigkeit, Clan und Magie an, um sich dann langsam in Richtung gesellschaftlich kultureller Werte wie Macht, Ich-Emergenz, Regeln und Strukturen zu entwickeln.

Die frühe Phase der digitalen Revolution war hauptsächlich von einem technokratischen und individualistischen Ansatz geprägt. Hier standen Leistung, Wettbewerb und Individualismus im Vordergrund, während soziale Fragen oft vernachlässigt wurden. Genau diese Auswirkungen spüren wir heute.

Mit dem Fortschreiten der digitalen Revolution haben jedoch andere Wertesysteme an Bedeutung gewonnen. Die zunehmende Vernetzung und Komplexität der digitalen Welt haben zu einem verstärkten Bewusstsein für Themen wie soziale Gerechtigkeit, Umweltschutz und kulturelle

Vielfalt geführt. Blickt man über die Spiral Dynamics in die Zukunft, so werden Kooperation und Gemeinschaftsgefühl, integrales Verhalten, Perspektivenvielfalt und Sinnhaftigkeit weiter zunehmen, bevor uns das ein sehr holistisches Denken und Leben ermöglicht. Es könnte also noch was werden, mit der Idee eines neuen Teamverständnisses.

Um hier die nächsten Schritte zu machen, müssen wir vielleicht aber auch noch einmal einen Blick durch die aktuelle ökonomische Brille werfen.

3.2 Erst Fortschritt, dann Wachstum

Xavier Sala I Martin, ein renommierter Ökonom und Professor wird oft mit dem Satz, „Erst Fortschritt, dann Wachstum" in Verbindung gebracht. Diese Aussage untermauert die Bedeutung des Fortschritts als Voraussetzung für nachhaltiges, wirtschaftliches Wachstum. Sein Standpunkt ist, dass Innovation, technologischer Fortschritt, Bildung und soziale Entwicklung notwendig sind, um langfristige wirtschaftliche Ziele zu erreichen. Er hat grundsätzlich eine sehr positive Sicht auf die Dinge. Er sagte auch, „Arbeit geht uns nicht aus". Uns fällt schon immer was ein. Arbeit als solche hat sich immer weiterentwickelt, nur stehen wir heute vor gewaltigen Umbrüchen.

Ein Problem scheint zu sein, dass wir heute vor allem auf Wachstum schauen, und Innovationen hintenanstehen. Insbesondere wenn die Zeiten anstrengend sind, ist der Kreativbereich wieder der erste der gestrichen wird. Wenn man sich die Aussage, erst Wachstum, dann Fortschritt noch mal auf der geistigen Zunge zergehen lässt, spürt man, wie wirklich kurzfristig das eigentlich gedacht ist und warum uns Veränderung so schwerfällt. Dabei klingt das doch logisch! Über Fortschritt kommt nachhaltiges Wachstum automatisch. Also über echten Fortschritt.

Und nicht, weil wir einfach irgendwo wieder ‚Innovation' dran schreiben. Naja, auch nicht per se. Insgesamt sind wir in Deutschland, glaube ich, durchaus innovativ unterwegs, bekommen aber die PS nicht auf die Straße. Aber das ist noch mal ein ganz anderes Thema. Auf jeden Fall ist Fortschritt ein Treiber für Wachstum. Nur: Innovation ist natürlich nicht einfach. Echte Innovation entsteht nur über konstante Provokation und infrage stellen! Es gibt aber niemanden in Organisationen oder Gesellschaft, der den ganzen Laden auf einmal anhalten und den Resetknopf drücken kann. Im Gegensatz zum Industriezeitalter, in der Wissen und Methoden von nur wenigen in Unternehmen und Gesellschaft top down vorgedacht und vorgegeben wurde, werden in unserer Wissensgesellschaft Antworten in Meetings diskursiv über Fragen, Antworten, Variationen, neue Fragen und neue Antworten mitunter mühsam errungen. Menschen, die Fragen und Ideen haben, nerven und sind ein Störfaktor – besonders in starren und verkrusteten Strukturen klassischer Organisation. Was aber wirklich neu, also innovativ ist, kann ich nicht mit Zahlen belegen. Da brauche ich wieder Vertrauen, Glauben und den Mumm, die Dinge mal anzugehen und auszuprobieren. Wie wir hier gute Entscheidungen treffen können, haben wir bereits gelesen. Wir nutzen im Kollektiv den gesunden Menschenverstand. Und die meisten Menschen haben auch Lust, den eigenen Verstand zu nutzen. Die wenigsten stehen morgens auf und sagen sich: So, jetzt bauen wir heute aber mal wieder richtig und extra großen Mist. In Kombination mit wirklich agilen Methoden, in denen ich Hypothesen aufstelle und die durch Iterationen und Experimente teste, kann es wirklich nach vorne gehen.

Von der Wissensgesellschaft zum gesunden Menschenverstand, das klingt doch nach einem Plan. Wir verschwenden bereits so viel Zeit und Energie auf Blödsinn, um den Turbokapitalismus zu füttern, anstatt an den Kern von sinnvoller Unternehmung zu gelangen. Es geht hier nicht darum, den Kapitalismus als Wirtschaftssystem abzuschaffen, der funktioniert ja gut. Ich bin aber der Meinung, dass wir heute die große Chance, haben diesen zu ‚enlighten', wie man in Neudeutsch sagen würde. Ihn aufzuhellen, besser zu machen. Aber der Reihe nach.

Um von der Wissensgesellschaft zum gesunden Menschenverstand zu gelangen, haben wir in diesem Buch schon Tipps bekommen. Die Frage ist, wie kommen wir darüber hinaus auch zu wirklicher Innovation und somit zu Fortschritt? Wir leben bereits jetzt in einer Welt, wo über das Internet sämtliches Wissen zur Verfügung steht. Sam Altman, der Gründer und CEO von OpenAi hat es gesagt. Wissen steht kostenlos und unbegrenzt zur Verfügung. Und die Kosten der künstlichen Intelligenz will er auch noch gen Null bringen. Über Wissensvorsprung können wir wie im letzten Jahrhundert keine Führung mehr bauen. Wer fragt der führt! Heißt es immer so schön. Wissen ist vorhanden. Wir brauchen bessere Fragen! Anders Indset hat das in einem seiner Vorträge bzw. seinem neuen Buch Wikinger Kodex (Indset, 2024) so schön beschrieben. Er hat das am Thema des Fliegens erörtert. Heute wird viel auf das viele Fliegen geschimpft, und wir sollten doch gefälligst weniger fliegen. Fliegen ist aber toll. Wir können reisen, viel sehen, dadurch lernen, und vor allem andere Menschen treffen. Dass das bereichert, muss ich nicht erwähnen. Das Problem beim vielen Fliegen so Anders, ist nicht das viele Fliegen, sondern die Technologie, mit der wir fliegen. Die ist schlecht. Es geht bei besseren Fragen also vielleicht auch darum, den Fokus zu verändern, und infrage zu stellen, was aktuell ist.

In Frage stellen ist nicht einfach, nervt und strengt an, vor allem in festen Strukturen und Abläufen. Wir sind da gerne traditionell unterwegs. Das Bedürfnis nach

Tradition beinhaltet das Ausleben und die Weitergabe der Kultur einer Gemeinschaft (Beier, 2020). Tradition bedeutet wörtlich Übergabe. Weitergegeben werden Handlungen, Regeln, Überzeugungen und ihre jeweiligen Symbole. In der Ausübung einer Tradition bekunden wir Respekt gegenüber der Leistung der Vorfahren. Für den Neuling ist die Einführung in eine Tradition ein Initialisierungsritus in die Gemeinschaft. Traditionen geben uns Sicherheit und Identität in Zeiten der Veränderung. Das gilt für alte Traditionen, wie auch für den Aufbauen neuer Traditionen. In unserer schnelllebigen Zeit ist bereits Tradition, was mehrmals stattgefunden hat. Das Lebensalter oder das Aufbauen von neuen Traditionen ist ein sehr wirksames Mittel, um eine Gruppe zu stärken. Neue Traditionen befeuern also nicht nur Innovation und somit nachhaltiges Wachstum, sie stärken auch dein Team! Wie stolz und gern blickt man zurück, wenn man so richtig was geschafft hat!

Um Traditionen zu brechen, zu verändern oder vielleicht neu zu entwickeln, bedarf es einer gewissen Rebellion (Beier, 2020). Rebellion ist das Aufbegehren gegen das Bestehende. Sie ist der Antrieb, die durch das Etablierte gesetzten Grenzen zu überwinden. Damit ist Rebellion die Voraussetzung für die Weiterentwicklung der Gesellschaft. Rebellion ist nicht nett, sie hat eine Zügellosigkeit, die wahllos sein kann. Im Lebenszyklus eines Menschen ist der Höhepunkt dieser radikalen Infragestellung die Pubertät. Das Austesten der eigenen Grenzen führt zum einen zur Veränderung der sozialen Umwelt, zum anderen zur Neupositionierung der Persönlichkeit. Nicht immer stehen geeignete Möglichkeiten zur Verfügung, unser Rebellionsbedürfnis in eine produktive Richtung zu kanalisieren: dann kommt es zu Zerstörung und Vandalismus. Positiv genutzt ist Rebellion die Kraft, die Innovation gebiert – und das in jedem Alter.

Innovation ist das Bedürfnis nach Veränderung des Status quo, das sich auf Werteebene als eine grundlegende Haltung ausprägt (Beier, 2020). Damit ist Innovation als Bedürfnis weiter gefasst als der Innovationsbegriff in der Forschung, der sich vor allem auf radikale Neuerungen fokussiert. Menschen mit hohem Innovationsbedürfnis sind offen, bei ihnen siegt die Neugier über die Angst vor dem Scheitern. Für Organisationen ist Innovationsfähigkeit zu einer existentiellen Aufgabe geworden. Hierfür ist eine Kultur notwendig, die Veränderung in ihre DNA einbettet. Eine oberflächliche Übernahme von Innovationsmethoden ohne kulturelle Neuausrichtung führt in der Regel nicht zu nachhaltig positiven Effekten. Auch darüber haben wir bereits gelesen, dass es eines Raumes und Möglichkeiten bedarf, die Kreativität, Neugier und Rebellion fördern und nicht bestrafen. Denn um den Sprung in eine wirkliche Innovation zu schaffen, muss ich vielleicht altes zerstören, mindestens Altes hinter mir lassen.

Zerstören bedeutet das Auflösen von Strukturen, egal ob physische, soziale oder kulturelle (Beier, 2020). Zerstören ist negativ konnotiert, wie einige der klassisch männlich assoziierten Begriffe. Aber schon Goethe lässt Mephisto sagen: „Alles, was entsteht, ist wert, dass es zugrunde geht". Ohne Dekonstruktion gibt es keine Konstruktion. Höchstens „Add ons". Wir zerstören ständig, um dann neu aufzubauen. Kinder lieben das Zerstören und müssen diesen Impuls kontrollieren lernen. Zerstören ist Teil jedes Veränderungsprozesses, jede Innovation negiert die bestehenden Strukturen. Manchmal benötigt es dafür nur eine kleine Veränderung, manchmal braucht es einen kompletten Neuanfang. Meistens ist tatsächlich der komplette Neuanfang leichter als das Negieren von Bestehendem. Auf der grünen Wiese spielt es sich einfach leichter. Und irgendwann lösen auch die „Add ons" eventuell das Bestehende ab. Das scheint vielerorts übrigens mitunter der schwierigste Part zu sein. Für viele Führungskräfte geht das Loslassen eng verbunden mit Scheitern einher. Man hat das Gefühl, das Altes gescheitert ist, oder sogar man selbst und sträubt sich eventuell deshalb dagegen, mitunter sind deshalb die Beharrungskräfte so groß. Ich halte das für grundlegend falsch! Alles, was wir bisher taten, und was entsprechend zu Erfolg führte, war gut. Nur jetzt haben wir eben andere Zeiten mit anderen Anforderungen. Also auf zu neuen Ufern.

Das geht nicht selten damit einher, dass wir Risiken eingehen müssen. Denn die Innovation, eine wirkliche Neuerung, lässt sich nicht mit Zahlen belegen. Zumindest nicht am Anfang. Und bis eine Innovation wirklich greift und verwertbare Zahlen liefert, vergeht Zeit. Gabriel Tarde hat mal gesagt, „Innovation ist Imitation" (Djellal & Gallouj, 2014). Erst wenn die Neuerung, egal ob Produkt, Verhalten oder Gebrauch von der Gruppe der Menschen angenommen, nachgemacht, übernommen wird, handelt es sich um eine erfolgreiche, bestandene, eingeführte Innovation. Wir brauchen also Anfangs Glauben und Mumm, und gehen Risiken ein. Ein Risiko eingehen heißt, es in Kauf zu nehmen, dass man selbst oder ein anderer bei der Erreichung eines Ziels Schaden erleiden kann (Beier, 2020). Risikobereitschaft ist nötig, da sich nie alles vorhersehen lässt. Jeder Mensch hat ein eigenes Level an Risikofreudigkeit, in dem er sich komfortabel fühlt. Dementsprechend suchen wir Situationen, die diesem Level genügen. Alles Handeln ist mit Risiko verbunden, aber auch Nichtstun birgt Gefahren. Die Vermeidung jeglichen Risikos kann manchmal das größte Risiko sein. Es gibt eine Reihe von Angeboten zur Befriedigung des Risikobedürfnisses u. a. Extremsport, Glücksspiele, Blind Dates, Termingeschäfte. Aber auch niedriger dosiert eingesetztes Risiko würzt unser Leben mit willkommenem Abenteuer. Wir wollen aber nicht niedrig dosieren, wir wollen innovieren! Eine menschliche Fähigkeit, die dem sehr zuträglich ist, vielleicht sogar am wichtigsten ist, ist Neugier!

Neugier ist der Anfang von allem (Beier, 2020). Neugier treibt uns an, das Potenzial einer Situation zu entdecken. Was gibt es, was kann ich tun, wie wirkt sich meine Handlung aus? Neugier ist notwendig, um Neues zu lernen. Keine Innovation wäre denkbar, ohne das Bedürfnis herauszufinden, was möglich ist. Die Macht der Neugier ist eine mächtige Triebkraft, manchmal lässt sie uns sogar gegen unsere eigenen Vorhaben oder Regeln handeln. Gute Services, Produkte und auch der Weg zu diesen, nämlich Arbeit, fördern Neugier. Sie öffnen eine Tür einen Spalt breit und laden zum Entdecken ein.

Entdecken können wir am besten spielerisch. Spielen ist keine sinnfreie, auf reinen Spaß ausgerichtete Beschäftigung (Beier, 2020). Spielen ist Üben in sicherer Umgebung. Hier entdecken wir wieder die Wichtigkeit von psychologischer Sicherheit in Teams, und warum „empathisch in your face" so wichtig ist. Die klassischen Spiele von Mensch- und Tierkindern wie Fangen, Verstecken, Werfen oder Rollenspiele dienen dem Erlernen von Fertigkeiten, die man später zum Überleben benötigt. Diese Spiel-Archetypen sind auch im Zeitalter der Computerspiele noch aktuell. Gamification als Gestaltungsoption nutzt Mechanismen, die typischerweise mit Spielen verbunden sind und die wir ebenfalls als Handlungsbedürfnisse kennen. Schnelles Feedback ist der Kern der Gamification, weitere Ingredienzien sind das Bilden von kurz- und langfristigen Zielen, Belohnung, sozialer Vergleich, Lernen, Kontrolle und Kompetenz.

Nachdem wir rebelliert, zerstört und entdeckt haben, bauen wir neu auf! Die Natur erkämpft sich mit der Erschaffung von Strukturen ihren Platz in einem chaotischen Universum und wir Menschen setzen das mit den uns evolutionär gegebenen grandiosen Mitteln fort. Wir bauen physische, kulturelle, soziale, ökonomische und andere Gebilde. Dabei entstehen aus einfachen Strukturen immer kompliziertere. Bei Kindern gehört das Bauen und sein kongenialer Gegenpart, das Zerstören, zu den ersten natürlichen Spielimpulsen. Wenn wir etwas aufbauen, verfolgen wir ein Ziel, lassen uns von dem inspirieren, was wir finden, verändern es und fügen Stück für Stück zusammen, was zusammengehört. Solange wir uns als Teil der Natur verstehen und nicht als ihr Gegner, ist Aufbauen die Triebkraft unseres Wohlergehens (Beier, 2020).

Neben Neugier ist Kreativität ein wesentlicher Treiber, der selbst dann Dinge zusammenbringt, die anfangs nicht zusammen zu passen scheinen. Kreativität schafft etwas, das es vorher nicht gab. Das unterscheidet sie von der Fantasie, die sich nur im Kopf abspielt. Mithilfe von Kreativität drücken wir uns aus oder finden neue Wege zur Lösung eines Problems. Deshalb spielt Kreativität bei der Entwicklung von Innovationen eine entscheidende Rolle. Kreativität kann gezielt gefördert werden, dafür müssen wir unser Denken aus seiner gewohnten Bahn bringen. Das Ausbrechen aus der alltäglichen Umgebung oder eine möglichst diverse Teamzusammenstellung helfen dabei. Eine kreative Idee braucht Beharrlichkeit und eine offene Kultur, um erfolgreich zu sein. In zukünftigen daten- und algorithmengesteuerten Umwelten kommt der Förderung kreativen Denkens als menschlicher Stärke somit eine besondere Bedeutung zu.

Um diese Veränderungen zu treiben, um infrage zu stellen was war, und das Risiko des Scheiterns zu wagen, bedarf es großer Anstrengungen. Wenn wir die Verantwortung übernehmen, verpflichten wir uns, uns zu kümmern. Wir sorgen für Gedeihen und Schadensfreiheit. Verantwortung ist die Manifestation der sozialen Bedürfnisse nach Schützen und Versorgen auf der Werteebene und kann auf alles angewendet werden, egal ob auf Menschen, andere Lebewesen, Objekte, Kultur oder die Erde. Verantwortung zu übernehmen bedeutet, nicht nur an sich selbst zu denken, sondern im Interesse eines größeren Ganzen zu handeln. Nicht immer bekommen wir dafür Dank. Nachhaltigkeit, als Verantwortung für nachfolgende Generationen ist so schwer zu etablieren, weil die schnellen Belohnungen ausbleiben. Verantwortung übernehmen bedeutet aber, gebraucht zu werden, und das verleiht unserem Leben Sinn! (Beier, 2020)

Zu guter Letzt ist nicht nur die Verantwortungsübernahme entscheiden, sondern auch die Kraft der positiven Verstärkung. Über die positive Verstärkung, den Glauben an das Gute, auch in Menschen, lesen wir jetzt gleich noch mehr im nächsten Abschnitt. Generell haben wir schon viel in diesem Buch über ein neues Teamverständnis gelesen. Warum: weil wir das heute nicht mehr alleine packen. Schwitzt und gewinnt gemeinsam! Feuert Euch an, inspiriert und treibt Euch gegenseitig zu Höchstleistungen und befeuert die in diesem Abschnitt beschriebenen menschlichen Eigenschaften.

Packen wir es also an, das mit dem Fortschritt. Schritt für Schritt. Ein Marathon besteht aus vielen einzelnen Schritten und das Meiste wird nicht über Nacht gebaut. Das Talent dafür ist vielerorts vorhanden. Lasst es uns also fördern und nicht immer wieder mit „Gute Idee! Machen wir auch nicht!" abkanzeln. Der Kapitalismus als Wirtschaftssystem kann und darf also, wie am Anfang dieses Kapitels beschrieben, durchaus bestehen bleiben. Die Frage ist nur, was ist heute richtige und wichtige Arbeit, wie verändert sie sich oder wie möchten wir sie gestalten? Wie Xavier Sala I Martin schon sagte, „Die Arbeit wird uns nicht ausgehen, uns fällt schon was ein!"

Wie bringen wir diese positiven Gedanken nun in unsere Organisation bzw. in unsere Teams?

3.3 New Leadership – Machen statt Methoden

Lasst uns doch einfach mal Dinge machen, und dabei versuchen, gute Menschen zu sein. Lasst uns doch einfach mal Dinge machen, und dabei versuchen, keine Arschlöcher zu sein. Lasst uns doch einfach mal Dinge machen, und dabei versuchen, gute Menschen zu sein. Hab' es jetzt extra dreimal geschrieben. Über Leadership ist schon wirklich unglaublich viel geschrieben worden. Und es gibt unglaublich viele verschiedene Stile, die beschrieben wurden. Transformationale Führung, Charismatische Führung, Demokratische Führung, Autoritäre Führung, Laissez-Faire-Führung, Servant Leadership, Situative Führung, Transaktionale Führung, Coachende Führung, Visionäre Führung, Positive Leadership und wie sie alle heißen. Da geht man dann drei Tage auf ein Seminar, und am Donnerstag verhalten sich die Mitarbeitenden ganz anders als im Programmheft besprochen. Und nun? Hilft ehrlicherweise nur noch eins. Die rechte Gehirnhälfte anschmeißen. Du kommst gegen Irrsinn, Sturheit, Dummheit oder auch einfach nur Unlogisches nicht mit Logik an. Da ist das Hierarchie-Level mal wieder egal. Schenk' deinen Mitarbeitenden die Empathie und Kreativität deiner rechten Gehirnhälfte, sie haben es nötig. Schenk' Ihnen vor allem den Glauben daran, dass sie es können und den Erwartungen an sie gerecht werden. Genau das ist die Aufgabe von Leadership. deine Leute zum Wachsen zu verhelfen, vielleicht sogar zum über sich hinauswachsen. Managen können wir operationale Themen. Menschen führen wir. Zu Wachstum und Erfolg. Dann stellen sich die beiden auch in deiner Organisation ein.

Wissenschaftlich kann klar belegt werden, das Vertrauen und Glauben, Unterstützung und Motivation die

Leistung steigern, während das Gegenteil, logischerweise, das Gegenteil auslöst. Das bezieht sich auf die Leistung der Mitarbeitenden, genauso wie auf das Verhalten der Führungskraft.

Der *Pygmalion-Effekt*, auch als *Rosenthal-Effekt* bekannt, bezieht sich auf die Idee, dass die Erwartungen, die eine Person an andere hat, das Verhalten und die Leistung dieser anderen Person beeinflussen können (Stapel, 2022). Das Konzept wurde erstmals in den 1960er Jahren von den Psychologen Robert Rosenthal und Lenore Jacobson untersucht. In ihrer berühmten Studie von 1968 zeigten sie, dass Lehrer, die glaubten, bestimmte Schüler seien besonders begabt, unbewusst dazu neigten, diese Schüler positiver zu behandeln und höhere Leistungen von ihnen zu erwarten. Als Ergebnis verbesserten sich die Leistungen dieser Schüler tatsächlich im Vergleich zu anderen, obwohl sie keine höhere Begabung hatten. Der Pygmalion-Effekt hat weitreichende Implikationen in verschiedenen Bereichen, einschließlich Bildung, Arbeitsplatz und Führung. In der Arbeitswelt können Führungskräfte, die hohe Erwartungen an ihre Mitarbeiter haben und ihnen dies auch mitteilen, dazu beitragen, dass diese ihre Leistung steigern und erfolgreich sind. Der Glaube einer Autoritätsperson an die Fähigkeiten und das Potenzial ihrer Mitarbeiter kann sich somit positiv auf deren Leistung auswirken. Es geht aber nicht nur um das Mitteilen, sondern auch wie wir miteinander sind. Soziale Eingebundenheit und soziale Kompetenz der Führungskraft, Kompetenzerwerb und Entwicklung sowie Autonomie, angesprochen bei der Selbstbestimmungstheorie befeuern dieses Vertrauen und den Glauben.

Der *Golem-Effekt* wäre das exakte Gegenteil des Pygmalion-Effekts und beschreibt eine negative selbsterfüllende Prophezeiung (WIKIPEDIA, o. J.) Er wurde von Forschern wie Jean Claude Abric untersucht. Im Rahmen dieses Effekts werden niedrige Erwartungen an eine Person herangetragen, die dann dazu führen, dass diese Person schlechter abschneidet oder geringere Leistungen erbringt als sie eigentlich könnte. Ein Beispiel dafür könnte sein, dass ein Lehrer oder ein Vorgesetzter niedrige Erwartungen an einen Schüler oder Mitarbeitenden hat und ihm das auch deutlich macht. Als Folge könnte der Schüler oder Mitarbeitende das Gefühl haben, dass er ohnehin nicht erfolgreich sein wird, und sich weniger anstrengen oder weniger Selbstvertrauen in seine Fähigkeiten haben. Dadurch könnte sich die negative Erwartung der Autoritätsperson tatsächlich erfüllen, obwohl der Schüler oder Mitarbeiter das Potenzial gehabt hätte, erfolgreich zu sein. Einfach ausgedrückt: Wenn wir glauben, dass jemand doof und unfähig ist, dann wird er das auch. So formuliert der bekannte deutsch-österreichische Unternehmer Reinhold Würth, dass „eine Geschäftsleitung, die daran glaubt, 75 % der Beschäftigten seien faul, schlecht qualifiziert und Diebe, genau diese Belegschaft bekommt." Werde hingegen davon ausgegangen, dass 98 % der Belegschaft einsatzfreudig und dem Unternehmen gegenüber positiv eingestellt sei, werde genau das passieren.

Insgesamt verdeutlichen der Pygmalion-Effekt und der Golem-Effekt die wichtige Rolle, die die Erwartungen und der Glaube einer Autoritätsperson an die Fähigkeiten und das Potenzial anderer Menschen spielen können, sei es im Bildungsbereich, im Arbeitsumfeld oder in anderen sozialen Kontexten. Wir kennen das alle, wenn der Glaube an uns selbst fehlt, oder wir nicht das Vertrauen entgegengebracht bekommen oder spüren, ob im Kindesalter oder als Mitarbeitende, dann wird es auch nichts. Aus der Spirale rauszukommen, ist für beide Seiten unheimlich schwer und bedarf großer Anstrengungen. Das können wir uns ersparen und lieber mit Positivität und Glauben nach vorne schauen. Darüber entsteht Wille, und der hat bekanntlich schon ganze Gebirge versetzt.

Das scheint aber noch nicht alles zu sein. Zu der Positivität und dem unbändigen Willen gesellt sich dann vielleicht noch ein weiterer motivierender, leistungsfördernder und Innovationsfreude auslösender Begleiter. Man nennt ihn Serendipity. Serendipity ist der glückliche Zufall. Serendipity ist ein Begriff, der die Fähigkeit beschreibt, unerwartet und zufällig etwas Wertvolles oder Bedeutsames zu entdecken, während man nach etwas anderem sucht oder eine andere Tätigkeit ausführt. Es bezieht sich auf das Glück, etwas Nützliches, Interessantes oder Angenehmes zu finden, ohne aktiv danach zu suchen. Serendipity beinhaltet oft eine Kombination aus Zufall, Offenheit für neue Erfahrungen und die Fähigkeit, unerwartete Entdeckungen zu erkennen und zu schätzen. So etwas gelingt natürlich deutlich eher, wenn wir gut drauf sind, performen und in einem sozialen Kontext sind, der psychologische Sicherheit fördert, sodass ich mich diesen fremden, neuen, manchmal verrückten Ideen hingeben kann.

Eine Sache zum Abschluss vielleicht noch. Unterschätzt nicht eure Power als Führungskräfte, was ihr alles aus euren Leuten rausholen könnt, wie wir vor allem beim Pygmalion-Effekt gelesen haben. Unterschätzt niemals den Willen und Ideenreichtum eurer Mitarbeitenden. Alain de Botton, ein moderner Philosoph hat das mal so schön beschrieben, als er Plato zitiert hat. „Plato famously said the world would only come right if kings became philosophers and philosophers became kings. What he meant by that was, you need to ally ideas with power and power with ideas. Replace the word... kings are not so powerful nowadays. What is the king now? Kings are the CEO, Kings are the Business Leader..." („Plato sagte einmal, die Welt würde nur dann in Ordnung kommen, wenn Könige zu Philosophen und Philosophen zu Königen würden.

Was er damit meinte, war, dass man Ideen mit Macht und Macht mit Ideen verbünden muss. Ersetz das Wort … Könige sind heute nicht mehr die Mächtigen. Was ist der König heute? Könige sind die CEOs, Könige sind die Führungskräfte …") (Alain de Botton, 2019). Ally ideas with power. Bringt Ideen und eure Kraft zusammen. Nutzt eure logische und eure emotionale Gehirnhälfte. Lasst uns doch einfach mal Dinge tun, einander Glauben und Motivation schenken, dann mit Vollgas nach vorne, und dabei gute Menschen sein. Am Ende nennt man das wahrscheinlich eine selbsterfüllende Prophezeiung. Dann klappt es auch mit dem Fortschritt!

Aus der Sicht von Führungskräften erscheint mir hierfür wichtig: Sich selber klar machen, für welche Werte stehe ich eigentlich selbst? Und wie kriege ich meine Mannschaft dahinter? Aus der Sicht auf das Team, was erwarten die Menschen, was brauchen sie, um performen zu können? Das alles haben wir in „Wie bauen wir das Team der Zukunft" gelesen. Baut eine gemeinsame kulturelle Identifikation aber auch Performance-Kultur, in der ihr wirksam sein könnt, und somit auf Sinn und Ziele eures Unternehmens einzahlt, und eben vielleicht sogar übertrefft. Am Ende ist genau das deine Aufgabe als Leader. Das Zitat „Manager entwickeln Pläne; Leader entwickeln Menschen" wird oft dem Management-Experten und Buchautor Stephen Covey zugeschrieben. So betrachtet, klappt es dann nicht nur mit dem Fortschritt, sondern auch mit Führung und Zusammenarbeit.

3.4 Das Glaubens-Dilemma – wenn Misstrauen auf dem Spielplatz herrscht

Nur was ist, wenn wir eine Person im Team haben, der wir einfach nicht vertrauen können. Es gibt sie natürlich. Die Menschen, denen du (anfangs) einfach nicht trauen oder Glauben schenken kannst. Gerade anfangs. Wie oft haben wir uns selbst schon erwischt, dass uns die Nase von unserem Gegenüber nicht passt, oder wir irgendwie denken, was ist das denn nun wieder für einer oder eine? Das fällt natürlich unter den Punkt Voreingenommenheit. Voreingenommenheit ist ein gefährliches, anstrengendes, vor allem komplexes Phänomen. Sie speist sich aus einer Vielzahl von Quellen und entsteht unbewusst oder unterbewusst. Dieses Unterbewusste lässt sich zurückführen auf unsere soziale Konditionierung. Unsere Voreingenommenheit kann oft das Ergebnis der Werte, Normen und Überzeugungen sein, die wir von unserer Familie, unseren Freunden, der Gesellschaft und natürlich den Medien übernommen haben. Hier vorschnell zu denken, zu interpretieren und zu handeln wird durch kognitive Vereinfachung begünstigt. Unser Gehirn neigt dazu, komplexe Informationen zu vereinfachen, indem es auf Stereotypen und Vorurteile zurückgreift, um schnell Entscheidungen zu treffen. Meist basiert das allerdings auf oberflächlichen Merkmalen wie Geschlecht, Rasse, Alter oder sozialem Status. Unsere ganz persönlichen Erfahrungen und Geschichten, sogar einfache Angst vor Unbekanntem lassen uns ebenfalls auf Abstand gehen. Und manchmal können Menschen sogar voreingenommen sein, um ihr eigenes Selbstwertgefühl zu erhalten oder zu stärken. Dies kann dazu führen, dass sie andere herabsetzen, um sich selbst besser zu fühlen.

Die Auseinandersetzung mit Voreingenommenheit erfordert Selbstreflexion und die Bereitschaft, unsere Denkmuster und Verhaltensweisen zu hinterfragen. Das tut allerdings gut. Wie oft wurden wir schon überrascht, von denen, wo uns anfangs die Nase nicht passte. Weil auf einmal ganz kreative Ideen um die Ecke kamen, auf die wir selbst nicht gekommen wären. Oder sie viel lustiger sind, als wir anfangs dachten, vielleicht sogar den gleichen bösen Humor haben wie wir selbst!?

Es gibt allerdings auch die Menschen, auf die all das hier Beschriebene nicht zutrifft. Und ich meine nicht die, die hin und wieder für Trouble sorgen. Die sind gut, die wollen wir. Sie befeuern den bereits beschriebenen, produktiven Diskurs, fordern den Status Quo heraus und sorgen für Fortschritt. Oder die, die mal eine schlechte Phase haben. Oder vielleicht einfach nicht zu den High Potenzials gehören. Es kann nicht jeder oder jede ein High Potenzial sein. Ich meine die, die aufgrund ihrer eigenen Geschichte ernsthaft böse sind, oder ihre eigene Agenda haben. Menschen, die sich nicht ethisch korrekt verhalten, und anderen oder der Gemeinschaft Schaden zufügen. Die, die uns enttäuschen, Vertrauen missbrauchen, sich auf der Arbeit anderer ausruhen, aber immer da sind, wenn es was zu gewinnen gibt. Die, die nicht wollen. Die wollen wir nicht in unserem Team oder unserer Organisation haben! Es gibt so einen schönen Spruch: „Nothing will kill a great employee faster than watching you tolerate a bad one" – Nichts demotiviert einen großartigen Mitarbeiter schneller, als wenn man einen schlechten Mitarbeiter toleriert. Perry Belcher soll es gesagt haben. Warum tolerieren wir überhaupt? Weil wir hoffen, dass es schon irgendwann besser wird? Oder weil wir Angst haben? In der Regel wird es nicht besser, wenn wir es mit einem wirklich toxischen Teammitglied zu tun haben. Nur was tun? Hier bleibt einem wohl oder übel nichts anderes übrig, als hart ins Gericht, bzw. Gespräch zu gehen. Eine wirkungsvolle Methode, um klar zu benennen, und so ein Gespräch strukturiert führen zu können, scheint mir eine Matrix zu Bereitschaft und Fähigkeit zu sein. Sie besteht aus vier Feldern. Es geht um Können und Wollen. Darüber hatte ich in Abschn. 1.2 schon einmal kurz geschrieben, wie wichtig das für die Zukunftsfähigkeit von Unternehmen ist. Die vier Felder lesen sich bezogen auf die Mitarbeitenden so:

1. *Können und wollen!* Das sind vielleicht keine einfachen Mitarbeitenden. Sie stellen uns regelmäßig infrage und wollen die Extrameile gehen. Sie wollen und müssen wir fordern und fördern. Hier finden wir die High Performer.
2. *Wollen und nicht können!* Hier geht es meist um Defizite, die häufig einfach über Aus- und Weiterbildung lösbar zu sein. Wer will, ist motiviert und freut sich wahrscheinlich auch drauf. Hier gilt es den richtigen Bedarf zu ermitteln.
3. *Können aber nicht wollen!* Schon schwieriger. Hier sind die Fähigkeiten vorhanden, man könnte, will aber nicht. Es gibt also ein Motivationsproblem. Das kann unterschiedlichste Gründe haben, die es unbedingt herauszufinden gilt. Es wäre bedauerlich, gerade auch in Zeiten von Fachkräftemangel, Mitarbeitende zu verlieren, die die Fähigkeiten besitzen, die von Nöten sind. Wenn wir das Motivationsproblem erkennen und lösen können, kann das Können wieder Fahrt aufnehmen.

Unknackbar wird es im Prinzip im vierten Fall.

4. *Nicht können und nicht wollen!* Um hier jemanden einzuordnen, bedarf es guter Argumente. Stell unbedingt sicher, dass du im Gespräch klare Beispiele hast, die diese Kriterien erfüllen und aufzeigen. So ein Gespräch

muss extrem gut vorbereitet sein. Nichts, aber auch wirklich nichts, darf deinen Beispielen entgegenstehen, sonst verlierst du dich in Diskussionen, die ins Nichts führen. Solche Mitarbeitenden sollten das Unternehmen verlassen. Ich weiß, das klingt hart in unserem sozialen Denken, aber wir können uns das schlicht und ergreifend nicht mehr erlauben (Abb. 3.1).

Mitarbeitende zu kündigen ist nicht einfach. Deshalb ist die Vorbereitung auf solche Gespräche essenziell und muss unbedingt nachverfolgt werden. Am Ball bleiben ist hier entscheidend, wenn man Argumente haben möchte, die zu einer Abmahnung und irgendwann Kündigung führen sollen. Manchmal merken die Mitarbeitenden in solchen Situationen allerdings auch selbst, dass die Zeit abgelaufen ist, und hier nicht mehr der richtige Platz für sie ist. Das kann dann zur eigenen Entscheidungsfindung beitragen, und das Thema löst sich von selbst. Manchmal muss der Mitarbeitende auch nicht direkt das ganze Unternehmen

Abb. 3.1 Skizze der Können-und-Wollen-Matrix

verlassen. Vielleicht tut auch der Wechsel in ein anderes Team, eine andere Aufgabe gut, und Können und Wollen entwickeln sich wieder. Vielleicht war die Person eben einfach nicht zur richtigen Zeit auf der richtigen Position, und auf einmal seht Ihr, wie die Person in ihrer neuen Aufgabe aufblüht. Grundsätzlich gibt es auf Feld vier, Nicht-Können und Nicht-Wollen nur eine Chance, das Ruder noch mal rumzureißen. Wenn du oder ihr gemeinsam auf einem dieser beiden Punkte eine kleine Flamme entdecken könnt, die ihr wieder zum Lodern bringt. Wenn ein Hauch von Flamme auf zum Beispiel Wollen zu finden ist, kann die Motivation wieder aufflammen, und der Mitarbeitende nimmt auch das Thema Können über diese Motivation wieder auf. Über die Motivation zu kommen, scheint mir noch die einfachste der beiden Möglichkeiten zu sein. Aber selbst wenn ihr auf Können einen Funken entdeckt, kann der auf einmal auch die Motivation entzünden. Wie auch immer, es bedarf großer Anstrengungen von beiden Seiten. Und so anstrengend solche Gespräche auch sind, sie führen zu absoluter Klarheit und Gewissheit. Ich habe selbst solche Gespräche führen müssen. Bei einem Mitarbeitenden haben wir den Turnaround geschafft und diese Person ist bis heute sehr erfolgreich im Unternehmen unterwegs.

Also, verliert nicht euren Glauben und oder Euer Gesicht in solchen Gesprächen. Es geht auch wohlwollend und menschlich.

3.5 Performance-, Financial- und Cultural-/Human-KPIs

Ein witziges und ein trauriges Kapitel zu gleich. Es gibt eine große Menge an Unternehmen und somit auch verantwortlichen Menschen, die die Kultur als sehr ausschlaggebend und wichtig darstellen, und sich dann kaum um wirkliche kulturelle KPIs und vor allem deren Entwicklung kümmern. Schlimmer wird das alles, wenn die finanzielle Lage angestrengt ist. Dann kann sich an Kultur niemand erinnern, es wird nur noch auf die Financial- und Performance-KPIs geguckt, obwohl Studienergebnisse klar zeigen, dass wenn wir an kulturellen KPIs arbeiten, Engagement und das Gehen der Extrameile zunehmen, eben und gerade auch in herausfordernden Zeiten. Dass das zu besseren Ergebnissen führt, ist selbstredend.

Zwei Punkte vorab. Erstens: Heute wird bei kulturellen KPIs oft sowas wie Krankenstand oder Fluktuation herangezogen. Das ist mir aus zweierlei Gründen viel zu einfach. Zu einfach ist mir das, nur weil einem nichts anderes einfällt, als genau solche Faktoren als KPIs für Kultur zu nehmen. Zu einfach ist mir das auch, weil wir eigentlich tiefer schauen müssten, weil es der Komplexität und der Individualität von Menschen und Organisationen überhaupt nicht gerecht wird. Fluktuation und Krankenstand sind Ausrede-KPIs, weil wir den Aufwand nicht betreiben, herauszufinden, was hier wirklich wichtig ist. Mal abgesehen davon, dass Fluktuation und Krankenstand auch noch saisonalen Unterschieden oder Gewalten wie einer Corona Pandemie unterliegen. Vor allem, und das ist noch viel entscheidender, Krankenstand und/oder Fluktuation sind doch schon ein Endergebnis. Die Frage ist, was passiert vorher, oder muss vorher auf der Tanzfläche der Realität passieren, damit wir im Idealfall einen niedrigen Krankenstand oder eine niedrige Fluktuation haben? Zweitens, das Verhältnis zwischen Financial-, Performance- und Cultural-KPIs wird so nicht sauber gezogen, man macht es sich hier einfach zu einfach. Schnell wird gesagt, „Naja, das war jetzt so erfolgreich, weil das auch eine echt geile Marketing-Kampagne war, oder das Angebot so gut und das Sales Team so gut drauf war." Damit fallen alle

Cultural-KPIs hinten runter und es bleiben nur noch die Financial- und Performance-KPIs. Aber, und jetzt kommt das entscheidende „Aber". Wer hat denn die Marketing-Kampagne so geil gemacht? Waren das nicht vielleicht die Menschen in der Organisation? Warum war die Kampagne denn jetzt geil, oder der Sales Deal so gut, oder das Team so gut drauf? Durften die vielleicht einfach mal machen? Was wagen? Was Neues ausprobieren? Kreativ sein? Vielleicht sogar wild und frech sein? Diese Herangehensweise, das gute Gefühl und Begeisterung lässt sich sehr wohl mit Zahlen belegen. Aber der Reihe nach.

Zuerst einmal: Bestimme deine KPIs selber! Jede Organisation ist so individuell, dass sie auch individuelle KPIs verdient. deine Organisation hat mehr verdient, als banal über den Krankenstand- und Fluktuationskamm geschoren zu werden. Wie wir in den Kapiteln über „So bauen wir das Team der Zukunft" (Abschn. 2.2) und „New Leadership – Machen statt Methoden" (Abschn. 3.3) gelesen haben, gibt es klare Ideen, wie ein Kulturcanvas an Werten und Verhaltensregeln aussehen kann, welche auf den Sinn sowie die Ziele der jeweiligen Organisation einzahlen. Wenn die gelebt und umgesetzt werden, ist klar, dass die Ziele erreicht oder übertroffen werden, denn dann ist ‚Culture having breakfast with strategy'.

Zweitens: Google hat 2012 in seinem „Project Aristoteles" aufgezeigt, was Teams erfolgreich macht und warum andere scheitern (GOOGLE re:work, 2012). Angeführt von psychologischer Sicherheit hat man insgesamt fünf Treiber identifiziert.

1. *Psychologische Sicherheit:* Ich habe Vertrauen, kann frei aufspielen und meine Meinung sagen, ohne dafür Befürchtungen zu haben, werde als Mensch gehört und ernstgenommen.

2. *Zuverlässigkeit:* Zuverlässigkeit dafür, dass sich alle für Qualität engagieren und ich mich auf meine Mitmenschen verlassen kann.
3. *Struktur und Übersichtlichkeit:* Die Teammitglieder wissen, was erwartet wird, wie es auf Sinn und Ziele einzahlt, und vor allem, wie man diese Ziele erreichen kann.
4. *Sinn:* Meine Arbeit muss Sinn ergeben, sonst sind wir nicht zu begeistern.
5. *Einfluss/Effekt:* Es darf nicht nur der Teambeitrag, sondern es muss auch der individuelle Beitrag gesehen werden, ich muss wirksam sein können.

All diese Punkte werden durch die hier beschriebenen Themen wie den Kultur-Canvas an Werten und Verhaltensregeln, Ich-Du-Wir, soziale Kompetenz sowie die Selbstbestimmungstheorie befeuert. Wir sehen hier schon sehr klar, was in Deinem Team und deiner Organisation wichtig ist, um erfolgreich arbeiten zu können.

Drittens und last but not least, gibt es neben ‚wie können wir erfolgreich arbeiten', noch einen weiteren Treiber, der für Extrameile und Innovationsfreude verantwortlich zeigt. Begeisterung! Egal, ob auf Seite der Kunden oder eben der Mitarbeitenden lässt sich Begeisterung ebenso sehr wohl mit Zahlen belegen! Dr. Gordon Euchler und Maik Hofmann, die Gründer von SPIKES haben eine einzigartige Search-Engine gegründet. Sie können über Excitement Points klar nennen, was Mitarbeitende begeistert. Sie haben mittlerweile über 6000 Menschen und Mitarbeitende gefunden, die erzählt haben, was sie in letzter Zeit in ihrem Unternehmen begeistert hat. Nicht theoretisch, sondern hier und jetzt in ihrem Alltag. Von der Allianz, Siemens, Amazon. Audi, Aldi, der Bahn bis hin zu Lidl und der Diakonie. Die beiden haben daraus die Essenz gefiltert, was Mitarbeitende wirklich begeistert und motiviert. Im Prinzip lässt sich Mitarbeiter-Begeisterung in drei Schritten entfachen.

Erstens: Spaß an Performance. Das haben wir schon bei der Selbstbestimmungstheorie gelesen. Die Möglichkeit zu Performance, zu Kompetenz und Wirksamkeit ist der Urknall, der Mitarbeiter-Begeisterung entzündet. Die Mitarbeitenden wollen selber performen und haben Spaß, wenn sie das können! Wenn ihnen der Job auf den Leib geschneidert ist, wenn man eben zur richtigen Zeit am richtigen Ort im Unternehmen ist und sich entfalten kann. Sich selber und das Projekt.

Zweitens: Purpose wird nicht gemanagt, sondern gemacht. Und zwar zusammen. Spaß an Performance steht nicht alleine da. Auch das generelle tägliche Tun und der Zweck des Unternehmens müssen ein gutes Gefühl und Glauben vermitteln. Kein Greenwashing, keine Oberflächlichkeit, kein Fake, sondern Ernsthaftigkeit. Auch in der Transparenz darüber, wenn es mal nicht so läuft. Das alles ist sehr wichtig, um den Transfer des Purpose in die Realität zu übermitteln. Plus, bei den Zielen und der Aufstellung der Arbeit, sollte man klar überlegen, wie gemeinsam auf den Sinn und Zweck des Unternehmens eingezahlt wird, man diesen lebendig werden lässt. Das zahlt auf die Verwirklichung des guten Geschäfts ein, sowie das Engagement, die Bindung und Verwirklichung der Mitarbeitenden. Nur so macht es Sinn für die Mitarbeitenden. Aber noch viel mehr braucht es das Gefühl, dass sich jemand um uns kümmert. Hier spielt, ganz wichtig, nicht das Unternehmen die Hauptrolle. Kümmern kommt sowohl von den Chefs (den kleinen und den großen) und oft viel häufiger und viel intensiver von den Kollegen, dem eigenen Team und anderen Mitarbeitenden des Unternehmens. 36 % der Mitarbeitenden-Begeisterung kommt von anderen Mitarbeitenden! Damit sind wir wieder beim

Thema der sozialen Eingebundenheit und der Gemeinschaft!

Drittens: Talk. Talk. Talk! Kommunikation ist der Begeisterungsbeschleuniger bei Mitarbeitern. Intern wie extern. Eine gute vor allem authentische Außendarstellung macht stolz und schafft Verbundenheit, wenn die Kommunikation die Realität widerspiegelt. Intern sind die Transparenz und Authentizität natürlich im Umgang miteinander gefordert, um Vertrauen und Klarheit zu schaffen. Allerdings nicht nur im eigenen Team und zu den eigenen Vorgesetzten, sondern entlang der kompletten internen Employee Journey und somit über das gesamte Unternehmen hinweg. Menschen müssen, wie bereits in diesem Buch erwähnt, das große Ganze sehen und verstehen, um sich engagieren zu wollen. Nichts wirkt hemmender, als wenn wir offensichtlich oder auch intuitiv spüren, wenn etwas faul ist.

Zusammenfassend: Baue wie im Kapitel über „So bauen wir das Team der Zukunft" beschrieben deine kulturellen KPIs selber und erfass sie, dokumentiere sie, mache sie transparent. Stell sicher, dass über soziale Kompetenz und die menschlichen Fähigkeiten „empathisch in your face" möglich wird, du den Diskurs und das Miteinander aushältst und psychologische Sicherheit förderst. Über Sinn, Klarheit, Zuverlässigkeit, Kommunikation und vor allem Kompetenz und Wirksamkeit zündest du nicht nur den kulturellen Turbo, sondern schaffst Begeisterung, Engagement, Extrameile und Innovationsfreude.

3.6 Die Moral von der Geschicht'

In einer Welt, die sich im rasanten Tempo digitalisiert und kulturelle Grenzen verschwimmen lässt, ist es an der Zeit, traditionelle Denkmuster über Bord zu werfen! Statt stur am Wachstumsknebel zu kleben, brauchen wir Fortschritt im Fokus und eine neue Form des Leadership! Weg von starren Methoden, hin zum aktiven Handeln! Und vergesst nicht: Performance- und finanzielle Kennzahlen sind wichtig, aber die wahre Messung des Erfolgs liegt im kulturellen und menschlichen Wachstum, sowie der Wirksamkeit. Hier werden die Performance und der finanzielle Erfolg der Zukunft gebaut. Also, haltet den Fokus scharf und nutzt den Raum zwischen Reiz und Reaktion klug!

> **Fragen zum Transfer**
> 1. Wann hast du dich zuletzt mal wirklich um deine Mitarbeitenden/Kolleg:innen gekümmert, Zeit und Geld investiert?
> 2. Welche Schritte kannst du jetzt unternehmen, um sicherzustellen, dass die Kultur in deiner Organisation die strategischen Ziele unterstützt und nicht sabotiert?
> 3. Für was hast du zuletzt wirklich Verantwortung übernommen, und was möchtest du jetzt konkret tun?

3.7 Fokus, Baby! Der Raum zwischen Reiz und Reaktion

Wir haben eine Menge gelesen in diesem Buch. Was hier eigentlich so los ist auf dem Planeten, warum und wo der Schuh gerade drückt, wie wir diese Komplexität meistern können, was soziale Kompetenz damit zu tun hat, auf welche menschlichen Fähigkeiten es dabei ankommt, wie wir die Teams der Zukunft bauen und führen, und sogar noch etwas über human KPIs. Und wenn du dir von all dem nur eine Sache sofort merken kannst, die aber unfassbaren Einfluss auf Zusammensein und Zusammenarbeiten hat, dann ist es vielleicht der bei Empathie und Achtsamkeit angesprochene Raum zwischen Reiz und Reaktion. Das

Konzept des Raumes zwischen Reiz und Reaktion wurde von Viktor Frankl, einem österreichischen Neurologen und Psychiater, in seinem Buch „Man's Search for Meaning" eingeführt (Frankl, 2006). Frankl erläutert darin, dass in diesem Raum zwischen Reiz und Reaktion die Freiheit des Menschen liegt, unabhängig von den Umständen eine bewusste Wahl treffen zu können, wie man auf Herausforderungen reagieren will. Das schreibt oder sagt sich so leichtfüßig, ein Raum zwischen Reiz und Reaktion. Aber es ist ein magischer Ort, ein magischer Moment. Alles ist hier möglich. In diesen Sekundenbruchteilen. Alles kann sich hier verändern. Oder du kannst hier alles verändern. Die Stimmung kann ins absolut Negative kippen, oder aber in Freude und Schwung. Und beides brauchen wir dringend, für die Veränderungen, die wir vor der Brust haben. Also Freude und Schwung. Der Raum zwischen Reiz und Reaktion ist ein achtsamer Moment, der deine Instinkte weckt und deine Sinne auf Empfang stellt. Es ist die schmale Gasse, durch die kritische Gedanken passen. Bring in diesem Raum Intuition und Verstand in Einklang, nimm dein Herz in die Hand und mache etwas Sinnvolles draus.

Und etwas Sinnvolles ist ein gutes Stichwort. Ein Raum zwischen Reiz und Reaktion hat immer etwas mit Fokus zu tun. Somit mit Ruhe. Somit mit Zeit. Deshalb, kurz bevor wir zum Ende kommen, noch ein paar philosophische Gedanken zum Thema Zeit. Und zum Thema Sinnvolles.

Zeit
Wie spät ist es eigentlich?
Die Zeit rast.
Die Zeit steht still.
Die Zeit rennt mir davon.
Die Zeit zieht sich endlos in die Länge.

Die Zeit verfliegt.
Aber sie kommt zur rechten Zeit.
Und alles hat seine Zeit.
Zeit ist Geld. Und Geld habe ich nicht.
Zeit habe ich auch nicht.
Meine Zeit ist abgelaufen.
Zeit ist nicht zeitlos.
Aber zeitlos schön.
Auch wenn der Zahn der Zeit an ihr nagt.
Meine innere Uhr tickt.
Mit der Zeit wird sich zeigen, dass man die Zeit nicht anhalten kann.
Zeit ist aber messbar.
Und ich teile mir meine Zeit gut ein.
Denn wir müssen Zeit einsparen.
Aber Liebende haben alle Zeit der Welt.
Doch die Uhr schlägt. Und zwar alle.
Dem Glücklichen aber schlägt keine Stunde.
Wir drehen am Rad der Zeit.
Die Zeit vergeht nicht schneller als früher, aber wir laufen eiliger an ihr vorbei.
Es ist an der Zeit.
Es ist 5 vor 12. Eigentlich ist es schon 5 nach 12.
Eine Sammlung von Zitaten, die du sicherlich alle schon mal gelesen hast!
Während sich Platon und Aristoteles mit ihrer psychologischen und philosophischen Seite beschäftigten, haben sich andere uralte Kulturen mit den Gestirnen auseinandergesetzt, um ihre physikalische Seite zu messen. Von der Zeit sind die Menschen seit Jahrtausenden fasziniert. Und die Zeit umgibt uns heute, ja, quasi die ganze Zeit. Wir tragen sie am Arm oder sie wird uns auf dem Handy oder Computer präsentiert. Wir können ihr nicht entkommen, obwohl sie uns ja davonrennt. Wir haben nie Zeit, Hektik prägt unsere, ja, Zeit. In schönen Momenten wollen

wir sie anhalten können. Aber wir haben keine Zeit! Als es noch keine Maschinen gab, betrug die tägliche Arbeitszeit 14–16 h. Es gab keine Freizeit. Heute sind es 8,5 h täglich. Wir sind Zeitmillionäre. Fühlen uns aber wie Bettler.

Wir müssen also über Tempo reden! Das Wort Tempo hat Fahrt aufgenommen und bereits eine lange Reise hinter sich! Bis ins 17. und 18. Jahrhundert hinein beschrieb Tempo noch den richtigen Zeitpunkt eines Geschehens. Danach war Tempo ein Ausdruck für das richtige Zeitmaß, was ja auch langsam sein kann, wie verschiedene Tempi in der Musik beweisen. Auto, Flugzeug, Internet und Co. haben eine neue Geschwindigkeit in unser tägliches Leben und unsere Arbeitswelt gebracht. Abläufe haben noch mehr Fahrt aufgenommen und das Tempo unseres Lebens, unseres Denkens und Handelns beschleunigt. Das Tempo unseres Lebens, unseres Denkens und Handelns ist generell extrem schneller, als es noch vor gar nicht allzu langer Zeit war. Das Wort Tempo steht somit heute als Synonym für schnell. Denn es gibt kein langsam mehr!?

Das bringt uns zur Vergänglichkeit. Vergänglichkeit ist das Zeitschicksal des Menschen. Das Gegenteil von Vergänglichkeit ist Ewigkeit, doch der Mensch weiß um seine Endlichkeit. Das setzt ihn unter Druck. Unter Zeitdruck. Ob mit oder ohne Zeitmanagement, die Todesrate des Menschen liegt immer noch bei 100 %. Jeder stirbt. Irgendwann. Eine nicht unerhebliche Zahl. Je älter wir werden, desto schneller scheint die Zeit zu laufen. Oder verändert sich einfach nur unser Zeitempfinden, weil wir derer ihrer nicht mehr allzu viel vor uns sehen!?

Wir haben also Zeitdruck. Uns Menschen steht nur eine begrenzte Zeit auf Erden zur Verfügung. Wir reden von Fortschritt, wenn wir mehr produzieren, konsumieren, erreichen und erleben. Dafür müssen wir allerdings heutzutage immer mehr tun und immer weniger sein lassen! Eine Spirale, die sich immer schneller dreht. Der Preis dieses Fortschritts heißt logischerweise Zeitdruck. Mittlerweile gesellt sich zu dem Wort Zeitdruck auch noch jenes der Zeitverdichtung. Multitasking ist hier das Stichwort. Multifunktionsgeräte wie Smartphones helfen uns, viele Dinge gleichzeitig zu tun und zugleich noch jederzeit erreichbar zu sein. Auf der einen Seite unsere eigene Entscheidung auf der anderen drängen uns die Verhältnisse dazu! Wer also dem Druck, dem Zeitdruck entkommen will, muss verzichten.

Das Verzichten könnte zu Langeweile führen. Von den teuer erkauften Erlebnissen und der damit verbundenen Zeitverdichtung, werden wir in einer Gesellschaft, in der das Motto „höher, schneller, weiter" aktueller denn je ist, zwangsläufig abhängig. Dieses nennt sich im Privaten Freizeitstress. Wenn wir dann einmal nichts zu tun haben sollten, wissen wir mit uns und der Zeit nichts anzufangen. Dazu schrieb einst Samuel Beckett: „Unsere Zeit ist so aufregend, dass man die Menschen eigentlich nur noch mit Langeweile schockieren kann." Das ist paradox, das ist krank und je länger ich darüber schreibe, desto mehr muss ich lachen. Oder eigentlich weinen. Wir müssen also quasi lernen, Langeweile auszuhalten, sie durchzustehen, dann wird sie wieder zu etwas Schönem! Zu einer Zeit-Oase! In einer Zeit in der wir keine Zeit haben!

Machen wir also Pausen. Viele halten Pausen heute für Zeitverlust, für reine Verschwendung der Zeit. Man könnte Pausen allerdings auch als Zeit-Oasen bezeichnen. Oder Zeit-Oasen als Pausen. Willkommen im Garten der Zeit! Pausen sind wie Bänke im Park. Wie ein Park in der Stadt. Entlang der Rennstrecke des Alltags. Pausen laden zum Innehalten und Abstandgewinnen ein. Pausen sorgen für einen Rück- und Ausblick und vermögen zum Durchblick zu verhelfen. Pausen sind keine Zeitverschwendung. Sie sind ein Zeitgewinn. Ohne Pausen wäre der täglich gelebte Zeitdruck größer, die Lebensqualität würde leiden. Im Zeitalter der Flexibilität gilt es selbst für Zeit-Oasen zu sorgen. Für Pausen. Und entschleunigen heißt hier nicht, dass der Notarzt in Zukunft mit dem Pferd kommen soll! Die Zeit kann man prinzipiell nicht managen, da sie sich vom Menschen, anders als ein Gegenstand oder ein Projekt, nicht ändern lässt!

Wir können unsere Zeit aber organisieren und einteilen! Wir können organisieren, um zu entschleunigen, um zu enthetzen. Niemand sagt, dass schneller besser ist, oder das langsamer schlechter ist. Es geht um den Fokus, um die Konzentration, und den Raum zwischen Reiz und Reaktion, die Zeit auf unserem Weg zum Ziel sinnvoll und zielgerichtet zu nutzen.

Wir allein entscheiden, was wir mit der Zeit anfangen, die uns zur Verfügung steht. Warum nicht etwas Sinnvolles?

Also! Auf jetzt, mit Mut, Glauben, Zuversicht und konkretem Anpacken in Richtung Zukunft von Organisation und Gesellschaft!

Literatur

Alain de Botton. (2019). Meet Alain de Botton | A philosopher of the modern times | Leaders in Action Society. https://www.youtube.com/watch?v=KkB-kpet3eo&t=734s. Zugegriffen: 14. Mai 2024.

Beck, D. E., & Cowan, C. C. (2007). *Spiral dynamics*. Kamphausen Media GmbH.

Beier, G. (2020). *77 Human Needs: Understand, Create and Measure Human Experiences*. DE3P Publishing.

Djellal, F., & Gallouj, F. (2014). The laws of imitation and invention: Gabriel Tarde and the evolutionary economics of innovation. 2014. halshs-00960607. https://shs.hal.science/halshs-00960607/document.

Frankl, V. E. (2006). *Man's Search for Meaning*. Beacon Press.

GOOGLE re:Work. (2012). Verstehen Sie „Was ist ein effektives Team?". https://rework.withgoogle.com/jp/guides/understanding-team-effectiveness#identify-dynamics-of-effective-teams. Zugegriffen: 7. Mai 2024.

Indset, A. (2024). *Wikinger Kodex*. ECON Verlag.

Stapel, H. (2022). Pygmalion-Effekt: Wie Erwartungen die eigene Leistung beeinflussen. https://www.geo.de/wissen/pygmalion-effekt--wie-erwartungen-die-leistung-beeinflussen-31878008.html. Zugegriffen: 14. Mai 2024.

United Nations. (2015). The 17 Goals. https://sdgs.un.org/goals. Zugegriffen: 14. Mai 2024.

WIKIPEDIA. (o. J.). Golem effect. https://en.wikipedia.org/wiki/Golem_effect. Zugegriffen: 7. Mai 2024.

World Economic Forum. (2023). Future of jobs 2023: These are the most in-demand skills now – And beyond. https://www.weforum.org/agenda/2023/05/future-of-jobs-2023-skills/.

Outro

Die Organisation und Gesellschaft der Zukunft
Frithjof Bergmann, der New Work Ur-Vater, wird immer wieder zitiert mit: „Tue etwas, was du wirklich, wirklich willst!" Daraus hat man die Purpose-Diskussion gemacht! Auch wichtig, aber nicht alles. Und versteht mich nicht falsch, die große Frage nach dem „Wofür" ist elementar, um die hellen Motivationsleuchtfeuer zu entfachen. Wir wären schon ein gutes Stück weiter, wenn sich jeder wirklich nach seinen Stärken und Leidenschaften zur rechten Zeit am rechten Ort einsetzen könnte. Ich bin felsenfest davon überzeugt, dass die Digitalisierung uns die Möglichkeiten dazu gibt. Noch nie waren wir der Chance so nahe, voll am menschlichen Potenzial zu arbeiten, wie wir oft genug in diesem Buch gelesen haben.

Womit Bergmann aber fast nie zitiert wird, und die Aussage halte ich persönlich noch für deutlich tiefgehender und wichtiger, ist:

„Die Gesellschaft der Zukunft wird eine Gesellschaft sein, in der Alles, Alles stärkt!"

Da muss man kurz mal drüber nachdenken:

- Stellt Euch mal vor, eure gesamte Organisation wäre ein Team!
- Stellt Euch mal vor, das gesamte Land wäre ein Team!
- Stellt Euch mal vor, der gesamte Planet wäre ein Team!

Ernsthaft! Ich finde das selbst irgendwie irre, aber kein Stück naiv! Wir haben alles Geld, alles Wissen, alle Technologien. Wir könnten alle Probleme auf diesem Planeten lösen! Hunger, Wasser, Klima! Könnten wir! Der Wandel, den wir vor der Brust haben, wird einzig und allein in unseren Köpfen entschieden!

Warum machen wir das nicht? Warum machen wir das nicht!

Warum muss ich mich 2024 ernsthaft wieder über Krieg unterhalten? Warum? Geht es nur um Macht und Reichtum, koste es, was es wolle? Das war im Mittelalter vielleicht angebracht, als ich einen Acker mehr oder einen Wald mit drei zusätzlichen Rehen brauchte. Heute ist das nur noch peinlich. In Organisationen und Gesellschaft.

Im Buch habe ich Inspirationen zusammengetragen und vielleicht auch Wege aufgezeigt, wie wir aus diesem Denk- und Handeln-Tunnel herauskommen können. Es kommt auf jeden Einzelnen an, dass wir die wirkliche Transformation zu einem nachhaltig gesunden Wachstum und gutem Miteinander finden – in Unternehmen wie auch in unserer Gesellschaft.

Um das zu schaffen, bedarf es nicht nur des Verständnisses, dass es eine Art „Nachholbedarf" bei menschlichen Fähigkeiten gibt, sondern dass diese völlig veränderte Welt, auch eine andere Kultur, ein anderes Miteinander und somit ein anderes Verhalten von uns verlangt. Wir haben alle Möglichkeiten dazu.

GPSR Compliance
The European Union's (EU) General Product Safety Regulation (GPSR) is a set
of rules that requires consumer products to be safe and our obligations to
ensure this.

If you have any concerns about our products, you can contact us on

ProductSafety@springernature.com

In case Publisher is established outside the EU, the EU authorized
representative is:

Springer Nature Customer Service Center GmbH
Europaplatz 3
69115 Heidelberg, Germany

www.ingramcontent.com/pod-product-compliance
Lightning Source LLC
LaVergne TN
LVHW020348260326
834688LV00045B/1597